"十三五"职业教育国家规划教材

商务助理专业

商务沟通与技巧

Shangwu Goutong
yu Jiqiao

主编 肖新立

高等教育出版社·北京

内容简介

本书是商务助理专业"十三五"职业教育国家规划教材，依据教育部商务助理专业教学标准，并结合商务助理等文秘类岗位工作实际以及专业教学实践编写而成。

本书由商务沟通基础、商务沟通形式、商务组织内部沟通、商务组织外部沟通、团队沟通、商务谈判 6 个模块组成，模块下设 17 个项目、27 个任务，简洁而清晰地介绍了商务沟通的基础知识和基本技能。全书以工作任务为中心，在教学内容选择、教学形式设计和体例编排上贴近工作实际，具有创新性。全书注重实务，条理清晰，体现了以核心技能培养为专业课程改革的主旨。

本书可作为中职、五年制高职商务助理专业等文秘类专业教材，也可供相关从业人员自学使用。

图书在版编目（ＣＩＰ）数据

商务沟通与技巧／肖新立主编．--北京:高等教育出版社，2022.2 （2023.2重印）

商务助理专业

ISBN 978-7-04-058151-5

Ⅰ．①商⋯　Ⅱ．①肖⋯　Ⅲ．①商业管理-公共关系学-中等专业学校-教材　Ⅳ．①F715

中国版本图书馆 CIP 数据核字（2022）第 026856 号

策划编辑	苏　杨	责任编辑	苏　杨	特约编辑	于　露	封面设计	李卫青
版式设计	马　云	责任校对	高　歌	责任印制	韩　刚		

出版发行	高等教育出版社	网　　址	http://www.hep.edu.cn	
社　　址	北京市西城区德外大街 4 号		http://www.hep.com.cn	
邮政编码	100120	网上订购	http://www.hepmall.com.cn	
印　　刷	运河（唐山）印务有限公司		http://www.hepmall.com	
开　　本	889 mm×1194 mm　1/16		http://www.hepmall.cn	
印　　张	15.25			
字　　数	290 千字	版　　次	2022 年 2 月第 1 版	
购书热线	010-58581118	印　　次	2023 年 2 月第 2 次印刷	
咨询电话	400-810-0598	定　　价	33.80 元	

物 料 号　58151-00

前　言

　　《商务沟通与技巧》是根据教育部新颁商务助理专业教学标准，并结合商务助理岗位工作实际与专业教学实践编写的，着力于实现商务助理专业课程建设与行业企业具体岗位素质及技能要求的无缝对接，保障商务助理专业教学质量不断提升，使人才培养规格满足经济社会发展的需要。

　　本书有以下特点。

　　1. 教学内容的情境性与时代性。商务沟通只有在科学理论指导下，方能更顺利地达成沟通目的，但在沟通过程中，它的实践性特点在具体的沟通环境、沟通主客体、沟通媒介与方式等方面都体现出风格迥异的结果，并随着经济社会的发展而不断推陈出新。基于此，本书摒弃了理论知识和专业术语的堆砌，着力于"会用、够用"的岗位技能培养，专注于商务沟通中的基本礼仪、商务沟通常用形式、商务沟通实践、商务谈判等贴近岗位的知识与技能的讲解。为体现时代发展特色，本书研究和吸收了新媒体沟通实践的成果，并利用生活化的语言、情景式"任务"完成形式来呈现，便于同学们在完成任务的过程中理解商务沟通，体验商务沟通，促进同学们在亲身体验中不断总结经验教训，提升沟通技能。

　　2. 拓展训练的趣味性与实用性。为方便同学们对"任务"内涵的深入理解与技能迁移，本书不仅提供了丰富的"知识平台"，引导同学们预习及巩固技能，还在每一个"任务"实现后，安排非特定量的相关拓展训练。同学们可以据此进行分组练习，进一步提升学习兴趣，开阔视野，实现"触类旁通"。

　　3. 教学方式的灵活性与实践性。沟通是普遍存在的客观现象，具有一定的科学规律，但具体实践中受沟通参与者的主观能动性、利益诉求的复杂性等影响，以及学习者个性特征与心智发展水平的约束，因此，商务沟通的技能培养应在"教师主导、学生主体"上与时俱进。本书所列举的每一个任务实践性都很强，教师可以引导学生通过对"知识平台"的学习，理解相关知识和技能要求，增加完成任务的理论支撑。而教学中，则可以突破传统课堂教学模式的限制，联系同学们的生活、学习、交际，逐步落实各个任务步骤，使同学们在实践中学会理性、有效地沟通。特别是本书的情境式任务安排，将重点放在互动式的任务完成之中，为"角色扮演式"教学方式提供大量机会。

　　根据商务助理专业教学标准，"商务沟通与技巧"课程建议72学时，每周4学时，具体安排见下表。

授课章节（含实践教学、复习测验）			学时数
模块一　商务沟通基础	项目一　认识商务沟通	任务 1　商务沟通的作用与方式	2
		任务 2　商务沟通中的基本礼仪	4
	项目二　认识沟通主体与对象	任务 3　了解沟通主体，培养自我沟通的技能	4
		任务 4　了解沟通对象，开展针对性沟通	2
模块二　商务沟通形式	项目一　口语表达	任务 5　良好口语表达的评判标准及技巧	2
		任务 6　倾听的技巧	4
	项目二　肢体语言	任务 7　肢体语言的类型、功能及技巧	4
	项目三　商务文书	任务 8　商务文书的种类、特点及写作技巧	4
	项目四　电话	任务 9　商务电话的基本礼仪及技巧	2
	项目五　网络	任务 10　网络沟通的种类、形式及技巧	2
模块三　商务组织内部沟通	项目一　内部沟通概述	任务 11　组织内部沟通的方式、障碍及其解决方法	2
	项目二　内部沟通的类型及技巧	任务 12　与上级沟通的技巧	2
		任务 13　与同级沟通的技巧	2
		任务 14　与下属沟通的技巧	2
模块四　商务组织外部沟通	项目一　外部沟通对象的特点及分类	任务 15　外部沟通对象的特点分析	2
		任务 16　外部沟通对象的分类	2
	项目二　企业公民形象塑造	任务 17　塑造企业公民形象	4
		任务 18　与新闻媒体沟通的技巧	2
模块五　团队沟通	项目一　认识与构建团队	任务 19　团队的构成要素与重要性	2
	项目二　团队的沟通技巧	任务 20　小团体沟通及其基本技巧	2
		任务 21　团队冲突及应对方法	2
模块六　商务谈判	项目一　认识商务谈判	任务 22　商务谈判的特点与重要性	2
	项目二　商务谈判的前期准备	任务 23　谈判信息和人员准备	2
	项目三　商务谈判过程性技巧	任务 24　谈判开局阶段技巧	2
		任务 25　谈判磋商阶段技巧	2
		任务 26　谈判成交阶段技巧	2
	项目四　商务谈判观察技巧	任务 27　商务谈判观察技巧	4
	期末复习与检测		4
总计			72

　　本书由肖新立任主编，负责拟定编写大纲，进行编写分工，组织协调编写进度，进行内容审核，统稿、定稿；编写人员为肖新立、徐长江、严瑾、晏凡、管灿、程言、邹骅。全书编写分工如下：模块一由肖新立编写；模块二由严瑾、邹骅编写；模块三由晏凡编写；模块四由管灿编写；模块五由程言编写；模块六由徐长江编写。在编写过程中，我们参考了一些已出版的国内外专家学者的著述和案例，并广泛听取行业、企业专家的意见，对任务情境、工作步骤、知识拓展等内容进行了完善，使之更加贴合商务助理的工作实际，体现了产教融合的特点。在此谨向作者致以衷心的感谢！

　　在编写过程中，我们得到了高等教育出版社编辑的悉心指导和帮助，也得到原江苏省扬州商务高等职业学校校长周俊、江苏旅游职业学院旅游商务分院主任陈仁华等的大力支持，江苏旅游职业学院万君华老师在书稿审定中给予了无私帮助，在此一并表示谢意！同时，中国电信扬州分公司、扬州天地华宇物流有限公司、招商局物流集团（扬州）有限公司、江苏京东信息技术有限公司扬州分公司、扬州东园食品有限公司等企业对本书的情境、案例设计提供了重要参考意见，在此表示衷心感谢！本书存在的不足之处，诚请同行批评指正，以便不断完善。读者意见反馈信箱：zz_dzyj@ pub. hep. cn。

编　者

2021 年 5 月

目 录

模块一
商务沟通基础

  沟通是人与人之间进行信息交换的必要手段。每个人都离不开沟通，对于从事或有志于将来从事商务活动的人士来说，更是如此。如果您是一名销售人员，有效的沟通是您向客户推销产品的必要手段；如果您是一名管理者，良好的沟通可以帮助您更好地上传下达；如果您是一名客服人员，良好的沟通是您处理客户关系的看家本领。

  商务沟通是一门学问、一门艺术，良好的商务沟通技巧有利于您与对方达成共识，得到需要的信息，增进双方的了解，获得对方的支持，取得商务活动的成功。

  本模块的主要学习内容如下：

  （1）商务沟通的概念及基本含义。

  （2）商务沟通的模式与作用。

  （3）商务沟通中的基本礼仪。

  （4）了解自我沟通的过程与特点。

  （5）掌握提高自我沟通技能的技巧。

  （6）了解沟通对象的特点与类型。

项目一
认识商务沟通

 项目描述

　　沟通是人们交往过程中一种最广泛、最普遍的社会行为。商务沟通是一项促进交易双方达成协议、合作共赢的商务活动，买卖双方都在此活动中取得各自的经济利益。本项目主要介绍商务沟通的基本概念、内涵，让同学们体会其基本含义，掌握商务沟通的作用及基本方式。

 项目情境

　　春秋战国时期，耕柱是一代宗师墨子的得意门生。不过，他经常遭墨子的责骂，耕柱觉得非常委屈，因为在诸多门生之中，大家公认耕柱是最优秀的，偏偏他又常遭到墨子的指责，自觉好没面子。

　　一天，在墨子又一次责难耕柱后，耕柱愤愤不平地问墨子："老师，难道在这么多的学生当中，我竟如此差劲，以至于要时常遭您老人家责骂吗？"墨子听后，微笑着默默地看着耕柱，耕柱被老师看得有些丈二和尚摸不着头脑。过了好一会儿，墨子问耕柱："老师问你一个问题，假设，我现在要上太行山去，依你的意见，我应该用良马拉车，还是用老牛来拖车呢？"耕柱听了墨子的问题不由得笑起来："老师，不要说弟子，就是再愚笨的人也知道要用良马来拉车的。"墨子不置可否，淡然地问道："那么，为什么不用老牛呢？"耕柱信心满满地回道："理由不是明摆着吗？因为良马足以担负长途跋涉的重任，值得信赖和驱遣。"墨子接着说："你回答得一点也不错，道理你这不是很明白吗？为何联系到自己就犯糊涂了？我之所以时常责骂你，也只因为你能够担负重任，值得我一再地教导与匡正呀。"

现实往往就是这样，一些众所周知的浅显事情，常常被我们忽视。我们有时是不是也像耕柱一样呢？理说起来头头是道，可是当自己身处其中或与自己利害攸关时，却又愚笨得可笑。此时，就需要沟通，需要交流，需要有人为我们指点迷津。

 项目分解

任务 1　商务沟通的作用与方式

任务 2　商务沟通中的基本礼仪

任务 1　商务沟通的作用与方式

学习目标

技能目标

——掌握商务沟通的作用。

——掌握商务沟通的模式。

知识目标

——理解商务沟通概念。

——了解商务沟通的内在含义。

 工作任务

王刚在韩国晓星公司北京办事处任职的时候，主要工作是将韩国的钢材销售到中国。在开发广东美的集团股份有限公司这个客户的时候，王刚遇到了强大的竞争对手——韩国三星公司（世界五百强企业）。晓星和三星这两家韩国公司代理销售的都是韩国浦项钢铁公司（是当时世界第二大钢铁公司）的产品。三星香港公司距离美的公司只需半个小时的乘船时间，而王刚在晓星的北京办事处工作，乘飞机加上短途汽车至少需要大半天时间，更糟糕的是，王刚不太懂粤语，跟客户电话沟通也比较困难，王刚明显占劣势。面对如此多的困难，王刚并不气馁，深信只要以诚待人，通过沟通，真正了解客户的需求，就一定能赢得客户的青睐。

经过多次电话和传真交流，王刚发现客户还是不能充分相信晓星公司的服务。当时，客户急需 300 吨冷轧优质钢材，王刚很希望通过供给这批货来建立彼此的合作关系。客户认为 300 吨钢材量不大，却要办理相对烦琐的进口手续很麻烦，不如从当地购买已进口的钢材方便，打算放弃与晓星的合作。

在这种情况下，王刚经韩国经理同意，亲自前去拜访未曾谋面的客户。当王刚到达美的所在地广东顺德下榻宾馆时，已经晚上 8 点了，美的采购经理计划带王刚去城里转转，吃点小吃，再礼貌地推掉这次采购，下次再考虑。王刚觉得对方是因为不了解晓星公司，才没有信心采购的。于是，王刚建议客户坐下来听他详细介绍晓星公司的背景和提供钢材的能力，同时也了解对方的真实意图和难处。通过两个小时的畅谈，客户被王刚的诚意感动，最终说："明天敲合同吧。" 有趣的是，由于谈得比较投机，谈话的两个小时中王刚居然忘了给客户倒茶喝。那一晚，美的采购经理全面了解了晓星公司和王刚与美的公司合作的能力和诚心。王刚的真心和专业知识彻底打消了客户起初不愿意采购的疑虑。

而且，有了这次合作之后，美的又陆续订购了超过 8 000 吨韩国进口优质钢材，并与王刚建立了充分的信任关系。在亚洲金融危机爆发之后，韩国总部把美的转交广州办事处联系，但是广州办事处只是礼节性地去拜访美的，没有真诚地了解美的对各种钢材的需求，以至于近一年时间内连一单生意都没有做成，最后，韩国总部又请王刚继续跟美的联系。

任务分析

客户是上帝，这是一条商业定律。要做好营销工作，对待客户的第一要义就是真诚。诚心诚意与客户沟通，以此打动客户，与客户交朋友，这样客户才会真心与你做朋友，然后才可能做生意。所谓"先做朋友，后做生意""生意不在情意在"说的都是这个意思。要诚心诚意并且要做有效的沟通。诚心诚意进行有效沟通不仅对成功开发客户至关重要，同时对维持和发展客户也是举足轻重的。

只有准确把握商务沟通的基本内涵，掌握商务沟通的基本方式方法，并持久地进行专业技巧训练，达到熟能生巧的地步，才能为商务沟通打下成功的基础。因此，同学们必须掌握沟通的基本内涵及商务沟通的定义、作用与方式，自觉地运用在商务沟通过程中，以利于在商务沟通实战中获得成功。

工作步骤

步骤1　了解沟通的定义及基本性质

（1）沟通的定义　根据《现代汉语词典》的解释，沟通指"使两方能通连"。后用以泛指疏通彼此的意见。例如，亲切的称呼、简单的对话，沟通了受压抑者共同的思想感情。

法国沟通学家克里斯托夫·杜邦全面研究了欧美沟通专家的著述后，在其所著的《沟通的行为、理论与应用》中给沟通下了这样的定义："沟通是使两个或数个角色处于面对面位置上的一项活动。各角色因持有分歧而相互对立，但他们彼此又互为依存。他们选择谋求达成协议的实际态度，以便终止分歧，并在他们之间（即使是暂时性的）创造、维持、发展某种关系。"

从信息传播学的角度，有学者认为：沟通是为了实现预先设定的目标，由信息发送者选择一定的工具，采取一定的方式，通过一定的程序与渠道将经过编码的信息传递给信息接收者，再由信息接收者将接收到的信息进行翻译和解释，并反馈到信息发送者那里的过程。

我们认为，沟通是指参与各方在一定的时空条件下，为了协调彼此之间的关系、满足各自的需要，通过协商的方式而争取达到意见一致的行为过程。

（2）沟通的基本性质　由上述沟通的定义可知，沟通具有目的性、相互性、协商性、妥协性等基本性质。目的性是指任何沟通都是一种有目的的行为，即寻求利益契合点或共识。相互性是指沟通不仅是一种双向的交流活动，还是一种互动的行为，在沟通过程中，任何一方的刁难、不配合都会导致沟通的失败。协商性是指沟通各方为了了解达成共识的可能性，要通过一般性会见、访问交流等活动，来促进双方建立关系，沟通信息，探测摸底。妥协性是指沟通各方因为有利益或共识上的差距才开展沟通活动，妥协是为了求同存异，除弊存利，寻找双方利益的结合点，从照顾对方利益中获得自己的利益，否则，片面强调自己的利益，只能导致沟通失败。

步骤2　掌握商务的概念

商务，是指商业事务，即涉及经济活动主体经济利益的各项事务，如商品买卖、货物运输和保管、财产保险、资金借贷、合资经营、劳务合作、债权债务清偿、经济纠纷等。

步骤3　理解商务沟通的概念

商务沟通也可称为管理沟通、企业组织沟通，它是企业内部或企业之间、企业与顾客之间为在商务和管理活动中达到相互理解、协调的关系，实现企业目的而进行的信息交流过程。准确理解商务沟通的概念要把握两点：① 在商务活动中为了既定的目标而进行沟通；② 为了共同的目标，将自身的商务信息、经商理念在本公司和商业伙伴当中进行传递、交流、商讨，最后达到共同的认识和相互理解的过程。达成共同的认识和相互理解后可以形成商务协议，有效的商务协议往往是成功的商务沟通和谈判的结果。

步骤 4 掌握商务沟通的模式

1948 年，美国学者 H. 拉斯威尔在《传播在社会中的结构和功能》一文中首次提出沟通过程模式的五个基本要素，即 "5W"，按照一定的顺序将其排列，分别是：Who；Say What；in Which Channel；to Whom；with What Effect（图 1-1）。

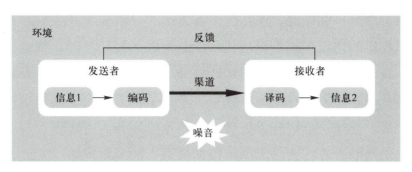

图 1-1 沟通模式图

商务沟通是社会组织与外部联系的桥梁、途径和纽带。其中，实现购销是商务沟通的基本职能。随着社会主义市场经济体制的健全和完善，以及我国经济融入世界经济，人们必将越发认识到搞好商务沟通和充分发挥其职能的重要作用。

步骤 5 掌握商务沟通的作用

商务沟通的作用有：① 传递组织信息；② 推动组织创新；③ 改善人际关系；④ 提升组织形象；⑤ 稳定员工队伍；⑥ 化解组织危机。

步骤 6 明确学习商务沟通的目的

商务沟通是企业经营管理和销售活动的基本手段，是从业者的日常活动，也是企业内外联系的桥梁。通过对商务沟通的学习、研究和训练，可使同学们重视沟通在商务活动与管理中的地位和作用，掌握商务沟通的过程、内容、方法、原则要求和排除障碍的技巧，尤其是通过案例分析和模拟训练，提高同学们倾听与交谈、阅读与写作、演讲与谈判、接待与会议，以及非言语沟通、现代电子沟通等实际沟通水平。

知识平台

一、沟通的作用

沟通，是建立人际关系的桥梁。可以说，没有沟通就没有人际互动，人与人之间的关系就会处在隔阂、冷漠的状态，容易造成误解与信息扭曲，给工作和生活带来损害。身处信息时代，工作与生活节奏越来越快，人与人之间的思想需要交流；社会分工越来越细，信息纷繁复杂，行业、岗位、管理层级之间都需要互通信息，这都离不开沟通。

一般来说，沟通包含"谈"和"判"两个紧密联系的环节。谈，即说话或讨论，就是当事人明确阐述自己的意愿和所要追求的目标，充分发表关于各方应当承担和享有的责、权、利等看法；判，即分辨和评定，就是当事各方努力寻求关于各项权利和义务的共同一致的意见，以期通过相应的协议正式予以确认。谈是判的前提和基础，判是谈的结果和目的。

对个人而言，良好的沟通可以使我们坦诚地分享生活中的点滴，在人际互动中充分享受自由、和谐、平等。不难想象，在一个家庭、一个单位，人与人之间如果没有沟通，那将多么闭塞、无聊、枯燥、乏味，事情难以处理，工作难以展开。

现代世界是个沟通的世界，通过沟通可以拓展个人的关系网络，发展人际关系与社会支持系统；可以使对方感受到你的尊重和理解，迅速接受你，并乐于提供更多的协助，发展互惠互利的合作关系；另外还可以避免人与人之间无谓的争论，不伤双方感情，减少因误解造成的矛盾，克服愤怒、恐惧、害羞等负面情绪，促进身心健康。沟通如同黑暗中的一缕阳光，让一切有了生机和活力。多少爱情、婚姻、友谊及同事之间、上下级之间的关系，因缺乏沟通或沟通不良而濒临破裂，因良好的沟通而冰释前嫌，真是世界上没有沟通不了的事。

对组织而言，良好的沟通可以使成员认清形势，使决策更加有理有效，以实现组织共同的愿景。领导可以通过沟通，引导属员更好地工作；属员可以通过沟通，更好地理解领导的意图，执行领导的决策；同事之间可以通过沟通，更加精诚团结、密切合作。在一个组织里，所有的决策和共识，都是通过沟通来达成的。

沟通是管理工作的灵魂，是提高工作效率、实现共同目标、满足各种需要的重要途径。我们所做的每一件事情都涉及沟通，比如上情下达或下情上传。不论是否有效，沟通构成了我们日常工作的主要部分。管理工作中70%的错误是由于不善于沟通造成的。成功的公司管理人士通常会将90%以上的工作时间用于部属之间的良性沟通。通过清晰的指导与决策来节省时间与精力，减少重复劳动，提高工作效率，提升他人和自己对工作的满意度，用非强制性策略影响或激励他人。美国通用电气公司就是靠着感情沟通式的管理，以惊人的速度发展起来的，这种沟通式管理模式给人以深刻的启迪。国内外的名企，无不视沟通为管理的真谛。

企业希望充满生机并实现高效率，赖于下情能上知，上意能迅速准确下达，部门之间互通信息，互知甘苦。这就需要沟通，需要高速有效的沟通。良好的沟通能让员工感受到企业对自己的尊重和信任，因而产生极大的责任感、认同感和归属感，此外，良好沟通能减少冲突，化解矛盾，澄清疑虑，消除误会，增强团队的内部凝聚力。人的因素是企业成功的关键所在。企业管理说到底就是做人的工作，其中观念整合是先导，所有的管理问题归根结底都是沟通问题，值得特别重视。

二、沟通的发展趋势

（1）全球经济的一体化促进跨文化沟通。

（2）科学技术突飞猛进促进网络沟通。

（3）社会责任高度关注促进伦理沟通。

（4）管理的变革与创新促进变革沟通、危机沟通、团队沟通。

 相关链接

语言交流的艺术

语言交流是交往过程中最直接、最方便的方式，要想获得比较好的沟通效果就必须掌握相应的讲话艺术。一句热情得体的话，可以使人感到温暖；一句尖刻低级的话，则会导致沟通的障碍和矛盾。

讲究说话艺术应力求做到：少说抱怨的话，抱怨带来记恨；少说讽刺的话，讽刺显得轻视；少说拒绝的话，拒绝形成对立；少说命令的话，命令令人被动；少说批评的话，批评产生阻力。多说宽容的话，宽容乃是智者；多说尊重的话，尊重增加理解；多说关怀的话，关怀获得友谊；多说商量的话，商量易获共识；多说鼓励的话，鼓励产生力量。

与人交谈时应注意以下三点：

（1）和人交谈要保持和蔼的态度，真诚而又风趣。语调语气要温柔平和、文雅得体。要时刻注意你的语言是否柔和悦耳，注意避免使用令人难堪的字眼，避免语调粗野。矫揉造作、弄虚作假、无中生有，是品格不好的表现。真诚，首先要超越自我，不卑不亢。言必由衷，言必行，才会赢得别人的尊重和信任。风趣来自活泼的语言，来自妙言成趣的幽默。人们愿意听风趣的语言，哪里有风趣，哪里就有活跃的交谈。

（2）交谈时应该保证语句的流畅。半天吐不出一个字或语无伦次，不能不令人遗憾。交谈中有抑扬顿挫之势，又有音乐节奏之美，声声入耳，句句撼心，方为上乘。

（3）与人交谈要注意节奏与分寸，特别是对陌生人。打断别人谈话很不礼貌，要善于限制、隐藏自我，让他人随意表现。不要轻易否定别人，在众人面前，即使对方真的错了，也不要那样做。

语言是人际交往和交流的基本途径，对于激起双方在认识上的共鸣来说，更是显得尤为重要。然而不同的语境、不同的语态都可能造成适得其反的结果。语言交流过程中，词不达意或者对语义发生误解是交流的最大障碍，影响着沟通的效果。因而，学会倾听别人的心声、准确恰当地表达自己的真情实感，在社交上有着非常重要的意义。一般来说要注意以下三点：

（1）要善于倾听。人人都希望有一个好的听众认真听取他的想法和意见。善于倾听就是善于让对方尽量表达出自己的意愿和情感，并让对方感受到一种认可的喜悦和共鸣。善于倾听要求用神态表现出自己正在积极地参与交流，而不是一味地接受而不做任何评论。随声附和，用目光、表情、态度、语言来表示你的参与，不但会对对话产生"润滑"的作用，而且还会鼓励对方继续讲下去。

（2）需要有共同的话题进行交流。要使交谈变得热烈、融洽，在话题一致、双方都感到趣味盎然的时候，为了引到共同的话题上，就必须避免一言道破而导致再也无话可说的窘境。可以从天气、体育等话题开始交谈，这些话题不会引起对方的戒备心理，容易成为双方交流的突破口。在谈论思想、政治、宗教等话题时则需慎重，因为这些话题易引起对方情绪上的对立。

（3）选择一个广博而丰富的话题可以产生不错的交流效果。如果对方主动来与你交谈，你就应该做出适当的回报，这就需要拥有相应的话题。如果能够做到言简意赅，就会令对方感到有回味、有分量，从而使双方的交谈兴趣倍增。

拓展训练

老王与小李同是一家公司的销售部员工，小李年轻，性格温和，为人大方，不喜争执，和部门同事的关系处得都比较好。可是，不知道为什么，老王处处和他过不去，有时候还故意在别人面前贬低小李，在工作中也总是排挤和讽刺小李，这让小李很是烦恼。如果你是小李，你将：① 主动及时和老王进行一次真诚的沟通；② 忍让到老王改变观点为止；③ 向领导告状，要求处分老王。

任务评价

评价项目	评价要点	权重	自评	师评
商务沟通内涵认知	1. 沟通双方都有自己的目标	10分		
	2. 注意协调双方利益	10分		
	3. 目标沟通中达成一致的重要性	10分		

评价项目	评价要点	权重	自评	师评
正确掌握商务沟通特点	1. 了解目的性	10分		
	2. 了解相互性	10分		
	3. 了解协商性	10分		
	4. 了解妥协性	10分		
拓展训练	1. 选择三个答案中的一个	10分		
	2. 给出选择该答案的理由	10分		
	3. 对其他两个处理措施给出解释	10分		
总分		100分		

任务2 商务沟通中的基本礼仪

学习目标

技能目标

——掌握商务沟通中的基本礼仪。

——能正确运用跨文化沟通中的基本技巧。

知识目标

——了解商务沟通礼仪的基本形式及要求。

——理解商务沟通在礼仪方面要遵循的基本原则。

工作任务

某照明公司某区人力资源的一名美国籍副总裁与一位被认为具有发展潜力的中国员工交谈。他很想听听这位员工对自己今后五年的职业发展规划以及期望达到的位置。中国员工并没有正面回答问题，而是谈论起公司未来的发展方向、公司的晋升体系，以及目前他本人在组织中的位置等，说了半天也没有正面回答副总裁的问题。副总裁有些疑惑不解，没等他说完已经不耐烦了。同样的事情之前已经发生过多次。

谈话结束后，副总裁忍不住向人力资源总监抱怨："我不过是想知道这位员工对于自己未来五年发展的打算，想要做到什么样的职位而已，可为什么就不能得到明确的回答呢？"谈话中受到压力的员工也向人力资源总监诉苦："这位老外副总裁怎么这样咄咄逼人？"

你认为沟通双方有哪些要改进的地方？

 ## 任务分析

在该案例中，副总裁是美国人，而那位员工是中国人。显然，出生和生活在两个不同国度的人，他们的思维方式、生活习惯、文化背景、教育程度等多个方面都存在着显著的差异。正是由于这些差异的存在，使得双方在沟通交流的过程中产生一系列障碍。

本案例中，"中国员工没有正面回答问题"，原因可能是多样的。

（1）由于语言障碍而没有理解透彻美国副总裁的原意。中文和英文之间存在较大的差异，在学习英文的过程中我们可以体会到，对于一个中国人，要完全体会英文背后的文化内涵是一件比较困难的事。例如，"pull one's leg"本意是"开玩笑"，但我们很容易理解成"拖后腿"的意思。

（2）思维方式明显不同。假设这位中国员工从正面直接回答了副总的问题。比如，中国员工回答："……想在五年之内做到营销部经理的职位。"按照中国人的传统心理，这样的回答违反了中国人一向的谦虚、委婉。太直接反而暴露出自己很有野心、高傲自大的缺陷。谦虚可以给自己留有后路，万一做不到理想的位子，也不至于丢面子，被人耻笑。与之相反，美国人一向简单、明了、直接，这也是他们一贯的思维方式。另一方面，美籍副总裁询问这位员工对于自己未来五年发展的打算，及想要在飞利浦做到什么样的职位，这是由于美国人很注重个人在企业的发展状况，通过个人才华的施展和努力来取得企业的辉煌业绩和达到理想目标。这也许与美国一贯重视个人发展和个人利益有着莫大的关系。而从中国员工的回答来看，基本思路是"从集体到个人"。他先谈论的是与公司有关的一些情况，如公司未来的发展方向、晋升体系，接着才说到自己在公司所处的位置等。中国人的思维方式是习惯于将个人融入集体。

（3）中国员工有意回避正面回答。这可能是由于员工根本不知道自己希望达到什么位置，或不愿暴露自己的野心。由于缺少一个明确的奋斗目标或规划，所以抱着得过且过的心理，做一点算一点，而作为领导，多是希望自己的员工能在一个明确的目标下努力，在做好精心的策划后采取行动。只有每个员工都朝着一个方向前进，整个企业才能有共同的向上的方向。

商务沟通是一个双向甚至多向的信息交流过程，沟通的参与者在宗教信仰、民风民俗、学识背景、个人追求、企业文化、沟通目标等诸多方面可能存在差异，对沟通活动提出了巨大的挑战。每一位参与者都要了解礼仪的起源、各类礼仪在商务沟通中的作用，纠正自身的认知误差，掌握不同礼仪的方法和技巧，运用标准的礼仪规范为自我服务，并在实践中提升专业素质，逐步成长为高修养、高道德的商务人士。

工作步骤

步骤 1 了解礼仪在沟通中的作用

通俗地讲，礼仪是一门综合性较强的行为科学，是指在人际交往中，以约定俗成的程序、方式来表现的律己敬人的完整行为。好的礼仪可塑造良好的职业形象，提升人的自尊和自信，最终影响个人的幸福感和职业成就。

首先，在日常沟通过程中，良好的礼仪能够调节人际关系。从一定意义上说，礼仪是人际关系和谐发展的调节器，人们在交往时按礼仪规范去做，有助于人们之间互相尊重，建立友好合作的关系，缓和或避免不必要的矛盾和冲突。其次，礼仪具有很强的凝聚情感的作用。一般来说，人们受到尊重、礼遇、赞同和帮助会产生吸引心理，形成友谊关系，反之会产生敌对、抵触、反感，甚至憎恶的心理。再次，礼仪能够缓和人际交往中的矛盾与冲突。在现代生活中，人与人之间的关系错综复杂，在平静中可能会突然发生冲突，甚至采取极端行为。良好的礼仪有利于促使冲突各方保持冷静，规范言行，从而缓解已经激化的矛盾。如果人们都能自觉主动地遵守礼仪规范，按照礼仪规范约束自己的行为，促进自身素质不断提升，就更容易使人际间的感情得以沟通，建立起相互尊重、彼此信任、友好合作的关系，形成文明的风气，进而有利于各种事业的发展。

步骤 2 了解商务礼仪的主要形式

商务礼仪的主要形式包括：① 仪表仪容礼仪；② 仪态礼仪；③ 着装礼仪；④ 社交礼仪；⑤ 交谈礼仪；⑥ 旅行礼仪；⑦ 宴请礼仪；⑧ 会务礼仪；⑨ 仪式礼仪；⑩ 办公与通讯礼仪。

步骤 3 了解商务礼仪的基本要求

1. 仪表仪容礼仪

（1）头发的要求 保持头发清洁健康，不散发令人不快的气味；选择适当的发型。商务人员的发型应庄重、美观、大方，不能太夸张或太另类。商务场合最规范的女士发型是盘发，束发、披肩发也可以，但要保证不因发型问题而在工作时经常用手拢头发。男士发型标准就是干净整洁，要注意经常修饰、修理，头发不应过长过厚，前部的头发不要遮住眉毛，侧部的头发不要盖住耳朵，鬓角不要过长，后部的头发不要长过西装衬衫领子的上部。商务男士不宜留长发，也不宜烫卷发、染炫酷发色。

（2）着装礼仪　原则上要考虑行业要求，注意着装规范；注意时间、地点、场合要求；根据个人情况量体裁衣并注意颜色搭配。一般来说，男装以没有图案的深色高档面料为好，穿着时拆除衣袖上的商标并保持平整，遵循"三色原则"和"三一定律"。所谓"三色原则"，是指全身上下的衣着，应当保持在三种色彩之内。尤其是男士，在社交场合选择的服饰，包括西服套装、衬衫、领带、腰带、鞋袜，一般不应超过三种颜色。超过了三种颜色，就会显得杂乱无章，有失庄重。而"三一定律"主要指男士的鞋子、腰带、公文包应为一个颜色，首选黑色。而女装可以选择职业套裙。一套在正式场合穿着的套裙，上衣和裙子应采用同一质地、同一色彩的素色高档面料；在造型上讲究扬长避短，所以提倡量体裁衣、做工精细；上衣平整、挺括、贴身，较少使用饰物和花边点缀；裙子以窄裙为主，裙长及膝或过膝；套裙颜色应以适合自身条件的冷色调为主，藏青、炭黑、茶褐、土黄、紫红等均可，并与衬衫、鞋袜及饰品协调。

（3）适度化妆　商务礼仪化妆是绝大多数商务人员必须具备的一项常识性礼仪。商务礼仪化妆是一个人态度的体现，也是一个企业对外形象的展示。正确的商务礼仪化妆能够使商务人士在商务交往中保持精神焕发、神采奕奕，向会面对象表现出应有的友好与敬重之意。工作妆的主要特征是简约、清丽、素雅，具有立体感，既要给人深刻的印象，又不会显得脂粉气十足。总的来说，工作妆强调的是一个"淡"字，要求的是一种若有若无、自然而然的感觉，目的在于不过分突出商务人士的性别特征，不过分引人注目。

（4）首饰的使用规范　商务人员选用首饰务必三思而行，一定要认真遵守礼仪规范。首先是要符合身份，其次是要男女有别。从商务角度讲，首饰是女性的"专利品"，男性除了结婚戒指等极少数首饰外，通常不宜在正式

特别提醒

1. 商务人士应避免使用芳香型化妆品。

2. 若是参加商务晚宴等商务社交活动，女士应该化浓妆。

场合佩戴首饰。佩戴首饰应注意：① 数量以少为好，不带亦可；② 符合身份，扬长避短；③ 同色同质，注意协调。

（5）其他问题　应注意面部的清洁及滋润、面部毛发的问题；注意口腔清洁，随时保持口气清新；有一双干净修长的手，修剪整齐的指甲；保证四肢及脚部的清洁、无异味。

2. 仪态礼仪

（1）基本姿势

① 站姿。正确的站姿是：五点一线，即脚跟、小腿、臀、肩胛骨、头在一条线上。头

正目平、下颌微收、面带微笑、脊背挺直、立腰立颈、挺胸收腹、两臂自然下垂、臀部收紧、两腿相靠直立、两脚靠拢，女士脚跟并拢，男士双脚微分，但不能超过肩宽。

② 行姿。正确的行姿是：轻而稳。胸要挺，头要抬，肩放松，两眼平视，面带微笑，自然摆臂，尽量走直线，而不要左顾右盼。要保持自己行姿的优美稳健，一定要注意两腿之间的重心转移要协调，否则会形成左晃右晃、上下浮动的行姿，给人不佳的视觉效果。

③ 坐姿。正确的坐姿是：腰背挺直，肩放松。双手自然放在膝盖上或椅子扶手上，两腿自然弯曲，小腿与地面基本垂直，两脚平落地面，女士应两膝并拢，男士膝部可分开一些，但不要过大，一般不超过肩宽。不论何种坐姿，上身都要保持端正，如古人所言的"坐如钟"，且身子一般只占座位的 2/3，若坚持这一点，那么不管怎样变换身体的姿态，都会显得优美、自然。入座和起座时都要轻而缓，不可动作过大，弄得桌椅乱响，造成尴尬气氛。

④ 蹲姿。正确的蹲姿是：两腿一前一后叉开，然后弯曲膝盖，两个膝盖应该并起来，不应分开，臀部向下，上体保持直线下蹲。这是较为典雅优美的下蹲方式。注意如果正前方或后面有人，不可正对或背对其他人，应侧身蹲下。如无必要，尽量减少下蹲动作。

（2）表情

① 眼神。在工作场合或商务活动中，应将目光落在对方以双眼为底线，前额为上顶角的三角部位内，这样会显得严肃认真，使人感到你有诚意，并且容易把握谈话的主动权和控制权。在社交活动中，应将目光落在对方以两眼为上线，嘴为下顶角的三角部位内，这样能营造出一种温和的社交气氛。这种凝视主要用于茶话会、舞会及各种类型的联谊聚会。

② 微笑。古人将微笑解释为"因喜悦而开颜"。微笑是一种特殊的语言——情绪语言，其传播功能具有跨越国籍、民族、宗教、文化的性质，几乎在所有的社交场合下，都可以和有声的语言及行动相配合，起到互补作用，充分表达尊重、亲切、友善、快乐的情绪，沟通人们的心灵，给人以美好的享受。

步骤 4 掌握交谈技巧

1. 交谈的要求

（1）真实、诚恳的态度　与上级交谈，不必过分拘谨、局促不安，也不要阿谀奉承、唯唯诺诺、低声下气、过分谦卑，而应心境宽松、从容不迫，可以给领导留下深刻而不浅薄、情真而不谄媚的好印象；与同级交谈，不要对亲者热如火炉，对疏者冷若冰霜，表现出明显的倾向性，而应宽容忍让、一视同仁；与下级交谈，不可居高临下、颐指气使，而应亲切随和、宽厚为怀、换位思考、以心换心，这样才能创造出一个上下关系和谐、感情融洽的交谈环境；与客户交谈，不要转弯抹角、虚情假意、忽忽悠悠，而应以诚相待、以真相交。

（2）亲切、自然的表情　目光应同对方处于同一水平线上，这可使对方有一种平等感，俯视或仰视，都易造成双方心理上的不平衡。谈话时的面部表情应诚恳坦率、轻松友好、自然得体、由衷而发，否则，会从心理上将交谈对象拒之千里之外。

（3）平和、沉稳的声调　美国著名的口才训练大师莉莲·怀尔德说："声如其人，正如文如其人一样。说话时自信而充实，声音就会是你美好心灵的一面镜子。说话时漫不经心，声音就可能削弱你语言的力量，甚至减损你的威望。"事实上，松弛而有力、低沉而清晰、生动而洪亮的声音，总是比高、尖、紧、单的声音更具有感染力和吸引力。因此，我们应该尝试基础的发声练习，改善我们的声音状况。

（4）文雅、适度的语言　一方面，用语要文明高雅，即尽量使用大家都能听懂、具有时代感的文明礼貌用语；另一方面，说话分寸适度，即注意自己和对方的身份，措辞委婉客气，注意词义的细微差别。

（5）相互、得体的交流　交谈时不要唱"独角戏"，应照顾到在场的每一个人，避免出现沉默冷场；神情专注，认真倾听，体现情绪交流，注意信息反馈，要随时询问，听懂弦外之音，不要贸然打断别人的谈话。

（6）学会拒绝　说话留有余地，避免使用主观武断的词语。例如，先肯定，后否定，学会使用"是的…… 但是……"这个句式，避免被拒绝者过于尴尬。拒绝的方式方法：① 晓之以理；② 他人转告；③ 另作指点；④ 缓兵之计；⑤ 沉默不语；⑥ 答非所问，转移话题；⑦ 借词推托。而遭到拒绝时要注意正确应对：① 保持良好的风度，留给对方一个美好的印象；② 及时撤出，不要勉强；③ 做好善后工作。在遭人拒绝时，心情不可能愉快，但一个成熟的商务人士，应迅速摆脱情绪干扰，另辟蹊径，表现出百折不回的顽强毅力。

2. 交谈的禁忌

（1）忌谈的话题：① 个人隐私；② 别人的短处；③ 非议他人；④ 涉及商务秘密的话题。

（2）忌用的方式：① 说粗话、黑话；② 凑到耳边窃窃私语；③ 盲目附和他人；④ 得理不饶人；⑤ 行为失态。

步骤 5　客观看待文化差异

要理解本土文化，了解本土文化模式的优缺点，同时，善于"文化移情"，摆脱本土文化的束缚，理解他国文化，谨防文化假设，克服文化偏见。应克服民族中心论，求同存异，增强文化差异意识，运用有效的沟通手段，在尽可能短的时间内渡过沟通双方的文化磨合期。特别是在与不同国家的商务沟通谈判前期，谈判人员更应了解对方国家的主要习俗和文化背景，"入乡随俗"。

例如，高露洁公司从 1987 年开始，就设立了全球性强化培训项目。项目成员为美国的商学院 MBA 毕业生，他们至少会讲一门外语，并且在国外生活过，其中很大部分是外国公民，在每项为期三个月的培训中，他们除了学习商务和产品知识外，还要参加语言和跨文化知识教育。

步骤 6　克服语言障碍

语言是信息的载体，然而，在跨文化的商务沟通中，语言障碍也可能引发许多问题。经典范例是对百事可乐（Pepsi）饮料的广告 "Come alive with Pepsi"（"喝百事可乐，活力无限"）的翻译。在德国，这一广告语的后半部分被译成 "从坟墓中跳了出来"；在泰国，该广告语则被译成 "使您的祖先死而复生"。对北美人士来讲，"Nature's Gift"（"自然礼品"）是一个非常诱人的商标名，指烹饪精美的蘑菇；但它在德国却没有市场，因为在那里 "Gift" 一词是 "毒药" 的意思。

克服语言障碍有以下做法可供选择。① 聘请顾问。聘请跨文化沟通顾问可以使产生文化冲突的可能性降到最低。顾问可以做很多事情，如办一些短期培训班，对目标文化作综合性介绍；在谈判开始之前，将跨文化沟通中的关键性因素作简单介绍；随谈判人员一起前往谈判，作现场指导。② 聘用翻译。前提是该翻译对本公司的文化十分了解，知道怎样正确理解你的意思（即便是你说话时带有口音），并准确将你的想法译成另一种语言。③ 学习目标语言。学习目标语言，特别是将员工送到国外去接受良好的培训时代价不小。但将员工送往国外既学语言又学技术，就是一种成本效益型做法。

知识平台

一、商务礼仪

商务礼仪是商务人员与客户交往的行为规范。由于地区和历史等原因，各地区、各民族对于礼仪的认识各有差异。在长期的国际往来中，逐步形成了外事礼仪规范，也叫涉外礼仪。

二、商务场合的不良举止

（1）当众嚼口香糖。

（2）当众挖鼻孔或掏耳朵。

（3）当众挠头皮。

（4）保持坐姿时抖腿。

（5）与人交谈时打哈欠。

 相关链接

接 待 礼 仪

1. 前台接待

（1）前台接待的含义　前台接待是指当来客踏入单位第一步时，便有以主人的身份存在的人员招待来访者，以向来访者表现友善的社会交往方式。

（2）前台接待的分类　主要分为酒店前台接待（宾馆前台接待）、公司前台接待和餐馆前台接待。除此之外，常见的还有写字楼前台接待、银行前台接待、医院前台接待、行政机关前台接待等。

（3）前台接待的基本内容　主要是迎送客人和同事上下班、接待来访者、接听电话。

（4）前台接待的基本仪态及形象要求　前台接待员应具备优雅、得体、自然的举止，坐、立、行都要保持良好的仪态；要始终保持良好的精神面貌，妆容以淡妆为宜，服饰注重大方得体或按单位具体要求穿着；面对来访者或接听电话，都应保持微笑服务，将热情传递给对方；以礼貌规范的站姿在前台向客人和上下班同事主动问候、送别，可行注目礼或点头礼。

（5）前台接待的禁忌　从仪表仪态上来说，禁穿休闲装，如吊带背心、短裤；禁在前台岗位上随意化妆，修剪指甲；禁随意伏趴在前台桌子上或倚靠在椅背上；禁满脸愁容、无精打采地工作；禁在前台吃零食或用餐。这些是非常不庄重、不礼貌的行为。在日常工作中，前台人员忌因私离岗和外出；忌将私人情绪带入接待工作中；忌不遵守工作时间；忌在工作岗位上随意与同事闲聊；忌占用工作电话长时间地拨打私人电话；忌对来访者视而不见或对来访者的要求生硬拒绝；忌对来访者或来电者告知虚假信息或做出虚假承诺。

2. 办公室接待

（1）办公室接待的类型　主要有公务接待、来访接待、电话接待、信访接待四种。

（2）办公室接待的原则　热情相待、耐心细致、规范有序、合理节俭。

（3）办公室接待礼仪　热情迎接、致意及正确引导；诚心诚意地按次序让座、敬茶；规范宴请行为；礼貌送别。

（4）办公室接待禁忌　忌接待失礼和怠慢客人。

拓展训练

1. 招聘案例：我为了替公司找一个计算机博士几乎伤透脑筋，最后发现一个非常好的人选，刚刚从名牌大学毕业。几次电话交谈后，我知道还有几家公司也有意聘请他，而且都比我们公司规模大、有名气。当他表示接受这份工作时，我非常高兴也非常意外。他开始上班后，我问他，为什么放弃其他更优厚的条件而选择我们公司？他停了一下然后说："可能是因为其他公司的经理在电话里都是冷冰冰的，商业味很重，让我觉得好像只是一次生意上的往来而已。但你的声音，听起来似乎你真的希望我能成为公司的一员。因为我似乎看到，电话的那一边，你正在微笑着与我交谈。你可能不知道，我在听电话的时候也是笑着的。"

的确，如果说行动比语言更具有力量，那么微笑就是无声的行动，它所表示的是："我很满意你。你使我快乐。我很高兴见到你。"笑容是结束说话的最佳"句号"，这话真是不假。请大家分别用不同的语音、语调、语速、表情对身边同学说下面三句话，并认真体会其效果的不同：

① "今天你值日，请你把黑板擦干净！"

② "今天你值日，怎么又忘记擦黑板了？快点！"

③ "今天你值日，为什么还不擦黑板？缺德！"

2. 情景剧演练：

（1）你是一名收银员，正忙着整理钱和单据时，顾客走到收银台，向你出示账单和大钞。你应该如何做？

① 一言不发，面无表情地接过账单和大钞，然后把找零往收银台上一放，继续埋头做自己的事。

② 看到顾客走来，立刻面带微笑，"先生/女士您好"，接过顾客账单和大钞后，双手呈递找零，同时说道"先生/女士您好，本次一共消费30元，收您50元，找您20元，欢迎下次光临"。随后目送顾客离开。

（2）有位同学因爱玩游戏而厌学，经常缺课，班主任请你去给他做思想工作。

3. 森宝药业集团公司准备向一家外资企业推荐自己集团目前生产的一套最先进的输液管生产线。经过前期沟通后，外资企业的副总决定带团队到森宝药业集团公司进行实地考察并落实合作事宜，森宝药业集团公司接到消息后，迅速安排办公室负责此次接待。

如果你是办公室负责人，你会怎么安排这次接待？全班同学分组讨论，并汇集意见总结出办公室接待的一般程序。

任务评价

评价项目	评价要点	权重	自评	师评
商务礼仪的作用	1. 能够提高商务人员的个人素质	10 分		
	2. 有助于建立良好的人际关系	10 分		
	3. 能够维护形象	10 分		
着装礼仪	1. 三色原则	10 分		
	2. 三一定律	10 分		
	3. 面料选择	10 分		
	4. 首饰佩戴	10 分		
涉外礼仪	1. 入乡随俗	10 分		
	2. 学习语言	10 分		
	3. 借助顾问	10 分		
总分		100 分		

项目二
认识沟通主体与对象

 项目描述

在商务沟通过程中，主动且有目的地向对方施加影响的个人和团体，诸如党、团、行政组织、家庭、社会文化团体及社会成员都是沟通主体。沟通主体在沟通过程中处于主导地位，可以选择和决定沟通对象、沟通媒介、沟通环境和沟通渠道。沟通主体素质的高低、能力的大小、沟通方式方法的选择等都会对沟通效果有直接影响。而沟通的相对方就是沟通对象，了解不同类型沟通对象的特点，采取针对性的沟通方式和方法，才能有效实现沟通目标。

自我沟通是商务人士必备的重要技能和素质。随着商务关系的日趋复杂，新思维、新技术的大量涌现，在激烈的市场竞争中，商务人士每天都要面对瞬息万变的情况。只有养成自我沟通的良好习惯，不断总结、反思自己的工作及成效，提升自我沟通的能力，商务人士才能在商场上左右逢源、游刃有余，有助于提高业务能力，增强办事效率，树立良好形象。

 项目情境

大学毕业，王刚进入一家小型家族企业工作，企业中的关键职位基本上都由老板的亲属担任。老板安排他的大儿子杨经理做王刚的临时上级，这个人主要负责公司研发工作，在他眼里，公司只要能赚钱，其他的一切都无所谓。王刚认为这样的管理方式是有改善空间的，因此，工作第五天他就拿着自己的建议书走进了杨经理的办公室。

"杨经理，我到公司快一个星期了，有一些想法想和您谈谈，您有时间吗？"王刚走到经理办公桌前说。

"来来来，小王，早就应该和你谈谈了，只是最近比较忙。"

"杨经理，我来公司快一个星期了，据我了解，我认为公司目前的问题在于职责界定不清；员工的自主权力太小致使员工觉得公司对他们缺乏信任；员工薪酬结构和水平的制订随意性较强……"王刚开始逐条向杨经理叙述。

杨经理微微皱了一下眉头："你说的这些问题我们公司确实存在，但是必须承认一个事实——我们公司在赢利！这说明我们公司目前实行的体制有它的合理性。"

"可是，眼前不等于将来，许多家族企业都是败在管理上。"

"好了，那你有具体方案吗？"

"目前还没有，这些还只是我的一点想法而已，如果得到了您的支持，我想方案只是时间问题。"

"那你先回去做方案，把你的材料放这儿，我先看看然后给你答复。"说完杨经理的注意力又回到了工作上。

此后便没有了下文，王刚真切感受到不被认可的失落，他很是迷茫。

王刚不知道如何实现学生身份向职场人士的转变，不知道书本知识如何在实际工作中运用。其实，王刚只要认清沟通对象，完全可以利用沟通或谈判来提高工作绩效。

 项目分解

任务 3　了解沟通主体，培养自我沟通的技能

任务 4　了解沟通对象，开展针对性沟通

任务3 了解沟通主体，培养自我沟通的技能

工作任务

李婷，女，20岁，大二学生。最近她感到十分焦虑、郁闷、苦恼，感觉自己与人相处很失败，就连和同学交往都有些害怕了。她根本不想待在寝室，"大家都挺虚伪的，一回到寝室，就胸口发闷。"大一的时候室友们关系还好，也许是一开始大家还不太了解对方，所以都比较客气。大二一开始，大家学习都比较轻松，上周一天晚上熄灯后，李婷在用台灯看书，室友觉得影响了她，就说早点睡觉，明天还要上课，李婷就关了灯。第二天早上室友起床特别早，李婷想室友肯定是在报复她，就说让她起床时小点声，结果室友很冒火，和她吵了起来。这件事过后李婷觉得没什么，本来就是室友不对。

请以李婷朋友的身份帮她分析自身原因，促进其人际关系改善。

任务分析

李婷同学所遇到的心理问题，是由其社会适应挫折而引发的人际性压力。她的心理压力来自于不和谐的人际关系，而且经历了两种极端，先是过分地以自我为中心，把自我与群体、社会隔离开来，后又过于以他人为中心，事事自责，迷失和忽略了自我。根本原因是由于李婷同学缺乏人际沟通能力，从而在现实生活中感受到社会适应性压力。另外，从她自身的经历能够清楚地意识到，由于人际冲突所引发的自我封闭有部分原因是个性所致。李婷同学在沟通中存在主观偏见，对室友的话语存在误解，先是主观揣测对方的意思，没有与对方进行有效沟通，产生矛盾之后更是选择逃避，没有主动和对方沟通，导致自己被室友孤立，每天都处于紧张状态，说话、行动都特别谨慎、小心，唯恐做错什么。最后也应认识到，沟通是一个互动的过程，实现建设

性沟通需要沟通双方共同努力。

沟通是一个信息交流过程，有效的人际沟通可以实现信息的准确传递，与他人建立良好的人际关系，借助外界的力量和信息解决问题。但是，由于沟通主客体和外部环境等因素，沟通过程中会出现各种各样的沟通障碍，如倾听障碍、情绪噪声、信息超载。因此，为了达到沟通的目的，必须首先认识到沟通中可能存在的障碍，然后采取适当的措施避开障碍，从而实现建设性沟通。

工作步骤

步骤 1　锻炼良好的心态

"态度决定一切"的说法在时下很流行，也的确有一定的道理。一个人的心态决定了一个人的态度。沟通中的心态非常重要。沟通心态是根，沟通知识与技能是叶，积极的心态与消极的心态在沟通中起的作用是不一样的，积极的心态使沟通顺利进行，消极的心态会阻碍沟通。

在这个快节奏的时代，人与人之间的语言沟通格外重要。可能几句话就会给人留下深刻的印象。同样的事情，不同的语言交流，会产生不同的效果。如何与周围的人或者客户开展高品质沟通？心态平和是一个重要方面。因为不同性格的人、不同的语境、不同的话题及不同的沟通目标都会给沟通带来障碍，甚至冲突，导致沟通失败。沟通主体应调整好自己的心态，不管沟通情况与自己的期望相差多大，都不带着情绪沟通，这会促使沟通主体在词语选择、语气语调、体态语言等方面加以注意，让对方获得良好的感受并予以积极回应。

步骤 2　为对方着想

包容是成功者必备的心态。双方利益追求不一致的情况时有发生，特别是在当今市场经济条件下，存在着一方利益增加意味着损害另一方利益的情况。沟通主体要理解并包容对方的诉求，尽可能在守住自己利益底线的情况下，满足对方的利益诉求，达成沟通目的。

步骤 3　明确自己的沟通目标

在沟通过程中，要本着"求同存异""抓大放小"的原则，只要经过协商，沟通主体的主要目标得以达成，就可以暂时搁置其他尚未达成共识的非主要目标，而不是去斤斤计较、纠缠不休，否则就有可能导致整个沟通失败而影响主要目标的达成。

步骤 4　克服自我沟通缺陷

作为一个普通人，可能都不同程度地存在着这样那样的沟通缺陷，或是身体上的自卑，或是职业感觉低下，或者沟通失败经历的影响，或是沟通技能的缺乏等。沟通主体在沟通前，必须清晰地认识自身沟通优势和缺陷所在，扬长避短，以求获得对方的理解与支持。需要强调的一点是，沟通主体必须不断提升自身素质，提升人格魅力。这就要求沟通主体强化学习，首先，要学习文化知识，丰富自己的文化内涵，提升自己的文化修养，力求达到"腹有诗书气自华"的境界；其次，要学习政治、经济、法律、社会等知识，使自己有正确的立场，树立正确的价值观、人生观，保证自己的人生和工作方向不跑偏；最后，要认真学习和提升业务技能，并朝着熟能生巧、推陈出新的境界努力，因为一个业内行家里手才会具有不可撼动的权威，才能让人自觉地尊敬和信服。

步骤5　选择恰当的沟通方式

沟通要选择恰当的时间、恰当的场合，借助对方能够理解并乐于接受的工具，包括书信、电子信息、电话、当面交谈、朋友交流及肢体语言等来实现。沟通主体应该有效使用这些沟通语言来进行沟通。

步骤6　掌握好沟通的时间

在沟通对象正忙于工作时，你要求他与你商量下次聚会的事情，显然不合时宜。所以，要想很好地达到沟通效果，必须掌握好沟通的时间，把握好沟通的火候。

步骤7　注意平时关系的维护

在现代社会，人们追求高质量的生活，需要人与人之间的真诚理解，和睦相处；人们追求事业上的成功，需要团结互助、平等友爱、共同前进的人际关系。在社会生活中，每一个人的人际关系状况都对其人生产生重要的影响，但良好人际关系需要沟通主体去建立和维护。

心理学家发现，以帮助与相互帮助为开端的人际关系不仅容易确立良好的第一印象，而且可以迅速缩短人与人之间的心理距离，建立良好的人际关系。当你给别人留下的印象随着时间的推移而慢慢改变时，当你曾经极力掩藏的东西暴露无遗时，当你和朋友之间发生了某些不愉快的冲突时，你的人际关系就会遇到困难，这就需要你平时注意给人际关系添加正能量，使得困难能及时地得到缓解和克服。

步骤8　坚持反思，自我提高

自我沟通需要沟通主体有坚持的毅力和良好的习惯，能对自己的每次外部沟通效果做及时的自我反思，从中总结经验，吸取教训，不断把新思维、新方法内化为自己的思想和行动，使沟通技能得到不断提升。

步骤9　养成洞察心灵的职业意识

弗洛伊德的心理剖析认为，心理由内及外可以分为：本我、自我、超我。本我是内心深处最本质的想法，是潜意识，表现为情绪；自我是心灵的检察官和思想工作者，表现为理智、文化、修养；超我是心灵的"外部环境"，表现为法律、道德、习俗。沟通主体要认真观察人的心灵，体察人的本我与自我，深入人的心灵深处，才能真正"对症下药"，实现良好的沟通。

一、认识自我沟通

自我沟通也称内在沟通，即信息发送者和信息接收者为同一个行为主体，自行发出信息，自行传递，自我接收和理解，是信息在个人自身内的传递，类似于"自我反省"。其过程如图 1-2。

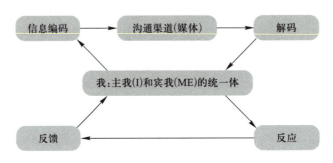

图 1-2　自我沟通的过程

 相关链接

常见的自我沟通心态

（1）大家都是普通人，都有事业成功的强烈渴望。

（2）我是你的好朋友，我的真诚会打动你。

（3）给予足够的利益刺激，对方就会接受我的观点。

（4）我不是完美的人，但我一直追求双赢的结果，这很重要。

（5）帮助别人就是在帮助自己。

（6）这次成功的沟通又让我增长了见识，可喜可贺。

（7）失败了不要紧，慢慢来，我相信一定会成功。

（8）日常人际关系的建立和维护太重要了。

二、自我沟通的作用

（1）"要说服他人，首先要说服自己。"沟通主体必须从内心认同工作的价值和说服理由，能给自己增添沟通的勇气和动力，改善沟通主体的精神面貌，为实现沟通目标提高基础保障。

（2）自我沟通技能的开发与提升是成功管理的基本素质。

（3）以内在沟通解决外在问题。自我沟通是内在目标和外在目标得到统一的联结点。虽然，几乎所有的沟通目标都在外部，但"台上十分钟，台下十年功"，没有刻苦锻炼的"内功"基础，想实现外在目标都是"空想"。

三、自我沟通的注意事项

（1）遇到任何问题与状况时，不要怨天尤人、推卸责任，而是要冷静下来，先做自我反思与沟通。

（2）自我沟通的首要条件在于自我认知，知自己的不足、障碍、限制和问题所在。

（3）自我认知后，接下来应用心去感受、去体悟，增强自己的包容心，增加自我沟通的内心动力。

（4）心动不如行动，当自己内心的动力增强后，就要付诸实践，让行动发挥出自我沟通的充分效果。

（5）自我沟通非一蹴而就，必须持续不断、反复为之，不可心急或求速效，必须一步一步来，方能真正落实自我沟通的切实效果。

四、沟通中的四心

（1）喜悦心　积极健康的情绪可以感染对方。

（2）包容心　包容是成功者必备的心态。

清康熙年间六尺巷的故事：千里捎书只为墙，让他三尺又何妨？万里长城今犹在，不见当年秦始皇。

（3）同理心　注意换位思考，善于倾听并表达尊重之意。

（4）赞美心　发现优点并给予赞美，赞美是人际沟通的润滑剂。

> **✉ 特别提醒**
>
> （1）少用"不""你错了""你不懂"等否定词，易引起对方反感。
>
> （2）慎用、少用"我""我觉得"，多用"您""我们"。例如，毛泽东言：世界是你们的，也是我们的，但归根结底是你们的，你们青年人朝气蓬勃，正在兴旺时期，好像早晨八九点钟的太阳，希望寄托在你们身上。
>
> （3）表达不同意见时，请保留对方的立场。如："您说得对，我们从另外一个角度来分析一下……"

拓展训练

1. 周末返校前，大二学生张军向妈妈要钱："妈，把这周的生活费给我，另外再给我500元，我想买双运动鞋。"妈妈："啊？买双鞋子要500块？不行！天天乱花钱，我们给你买，能穿就行。"张军很沮丧。在这个过程中，张军有哪些需要改进的地方？如果是你，会怎样做？

2. 情景剧演练：好朋友失恋了，他觉得很痛苦，你该如何劝解。

任务评价

评价项目	评价要点	权重	自评	师评
良好的心态	1. 对成功沟通有自信	10分		
	2. 有明确的沟通目标	10分		
	3. 重在过程，不强求结果	10分		
选择恰当的方式	1. 会选择沟通时机	10分		
	2. 善于选择环境	10分		
	3. 善于选择方式	10分		
	4. 善于倾听	10分		
沟通规范	1. 注意语言规范	10分		
	2. 保持精神集中	10分		
	3. 借助沟通工具	10分		
总分		100分		

任务4 了解沟通对象，开展针对性沟通

工作任务

有一次，美国知名主持人林克莱特访问一名小朋友，问："你长大后想要做什么呀？"小朋友天真地回答："嗯，我要当飞机驾驶员！"林克莱特接着问："如果有一天，你的飞机飞到太平洋上空，所有引擎都熄火了，你会怎么办？"小朋友想了想："我会先告诉坐在飞机上的人绑好安全带，然后我挂上我的降落伞跳出去。"当现场观众笑得东倒西歪时，林克莱特继续注视着这孩子，想看他是不是自作聪明的家伙。没想到，接着孩子的两行热泪夺眶而出，这才使得林克莱特发觉这孩子的悲悯之情远非笔墨所能形容。于是林克莱特问他说："为什么要这么做？"接下来孩子的答案透露出一个孩子的真挚："我要去拿燃料，我还要回来！我还要回来！"

林克莱特在现场观众笑得东倒西歪的情境下，没有随波逐流，而是以一位知名主持人的敏锐观察和对沟通对象的准确了解继续着他的针对性访谈，实现又一次成功的沟通，这就是有效沟通的秘密武器之一。

任务分析

沟通对象又称沟通客体，在商务沟通过程中主要扮演信息接收者的角色，包括个体沟通对象和团体沟通对象，团体的沟通对象还有正式群体和非正式群体之分。沟通对象是沟通过程的出发点和落脚点，在沟通过程中具有积极的能动作用。为了达到沟通的目的，我们必须首先认清来自沟通对象方面可能的障碍，然后采取适当的措施以避免障碍，从而实现建设性的沟通。

工作步骤

步骤1 沟通对象类型与特点分析

在与客户沟通之前，要先分析客户的类型，才能做到沟通中的"知己知彼，百战不殆"。

（1）满腹牢骚型 这类客户大多心里有不满的事情，压力过大，无人倾诉或者得不到别人的认可，情绪没有办法宣泄出来，并且这类人员资历都比较深。

（2）喋喋不休型 这类客户大多是因为小心过头，以至于不停地说，从小问题到大问题，从大事到小事，如此反复，有的时候甚至偏离正题。

（3）唯唯诺诺型 唯唯诺诺型的客户大致分为三种：① 客户对产品、业务不熟悉，觉得对方说得有道理而迎合；② 客户并不想购买产品，只是在敷衍，想快点结束产品介绍过程；③ 客户并没有购买欲望。

（4）咄咄逼人型 这类客户多来势汹汹，语言带有强烈的攻击性，说话不留余地，容易使人难堪，并且喜欢较真，抓住问题不轻易放手，大有打破砂锅问到底的架势。

（5）沉默寡言型 沉默无语的客户最为麻烦。因为沉默容易陷入僵局，不容易掌握客户的真正意图，导致气氛尴尬。

步骤2 不同类型沟通对象的沟通对策

在与客户沟通的时候，应当根据客户所表现出来的情绪或者行为，先判断其属于哪种类型，然后采取适当的对策，以取得预期的沟通效果。

（1）满腹牢骚型 应该耐心倾听对方的牢骚，在适当的时候向对方表示赞同，给予一定的关心，并采取适当的语言、表现来为之打抱不平，拉近双方距离，然后再寻找合适的切入点进入主题。

（2）喋喋不休型 应当给予对方尊重，不要表现出一副不耐烦的样子，通过自己对问题的了解程度给予对方解答，取得对方的信任，加强对方对我们产品的信心。

（3）唯唯诺诺型 首先应当冷静分析自己面对的客户是前述三种类型中的哪种。对待第一种，应当设身处地为对方着想，以诚信为本，如果我们做得好，他的唯诺也许就是我们成功的切入点。对待第二种不要一味介绍产品，应当尽量寻找客户感兴趣的话题，从而慢慢激发他的购买情绪，这种客户是可以转化的。对待第三种在作出判断后，应停止关于产品业务的话题，不要引起对方的反感，为以后的合作奠定基础。

（4）咄咄逼人型 面对这类客户，我们要有充足的准备，保持冷静，避开对方的锋芒，寻找一个打破僵局的办法。在这个时候聆听比无谓争辩更加有用。听听客户所反映的问题，想想凭自己的知识是否能够给予解答。有了信息才能有针对性地采取对策。

（5）沉默寡言型　这类客户大致分为两类：① 天生型；② 伪装型。面对第一种可以尽量态度诚恳地向对方介绍或者发问，通过观察他的反应、态度来了解对方的心意，然后对症下药。第二种客户多是对我们的到来没有多大的兴趣，勉强接见，然后故作沉默想让我们知难而退。遇到这样的客户，我们应当多寻找话题，提一些对方避免不了的话题以拉近距离，然后寻找适当的机会切入正题。

步骤3　运用技巧，合理排除沟通障碍

在社会生活的各个方面、各个时段，摩擦甚至矛盾都是难以避免的。特别是在商务沟通过程中，双方的利益诉求通常处于"零和博弈"状态之下，一方利益的扩大就意味着对方利益的减少，故而"寸土必争""针锋相对"是沟通中常见的现象。作为商务人士，要掌握一些针对性技巧，化解矛盾，实现目标。

在一个团队内部，摩擦总会有的。当我们与团队成员产生矛盾时，首先要做的是反省自己，反思是否自己看问题的角度不对、高度不够、信息掌握得不全面等，同时也要巧妙地避开锋芒，敞开心扉，将自己的想法解释清楚，取得他人的理解和支持，并用诚恳的态度去感化他人。最为关键的是，与团队成员出现沟通障碍时一定要主动化解矛盾，消除大家的心理障碍，多一分理解和包容。

一个企业团队或商务人士，在与外部顾客的沟通过程中，也要对症下药，采取一定的策略技巧，实现互利双赢。一是要提供顾客真正需要的东西。顾客之所以来消费，是因为他们有一定的需求，所以，企业经营团队一定要在与顾客沟通的过程中，了解他们真正需要的是什么，从而对其需要进行满足。尤其有些顾客消费纯粹是因为情感需要慰藉，那么就可以及时抓住机会，在情感方面对顾客加以疏导，从而获得顾客的好感与信赖。二是要打造良好的形象，提供完善的服务。企业经营团队在与顾客沟通的过程中一定要坦诚、耐心、热心，尽最大努力让顾客充分感觉到自己被尊重，以塑造企业良好的形象，在消费者群体中获得较好的口碑，再以优质的服务征服顾客，在顾客心目中建立起强烈的信赖感，以利于企业实现其经济效益。

总的来说，无论是团队还是个人，要想实现其沟通目标，必须运用科学实际的沟通策略，与团队内部人员及外部人员进行有效合理的沟通。一方面，明确沟通对象的特点，在沟通的过程中，尊重他人，关爱他人，用一颗诚心，营造一种团结友爱、积极向上的团队氛围。另一方面，要及时地将这种关爱与尊重传达给外部沟通对象，用自己的诚信与热心感化客户，主动沟通，有技巧地沟通，就会在市场竞争中立于不败之地，不断取得新的成绩。

步骤4　学会倾听

狭义的倾听是指凭借听觉器官接收言语信息，进而通过思维活动达到认知、理解的全过程。倾听是一门艺术，不仅仅是要用耳朵来听说话者的言辞，还需要全身心地去感受对方在谈话过程中表达的言语信息和非言语信息。倾听的主体是听者，而倾诉的主体则是我们所说的沟通对象，两者一唱一和方能有效实现沟通目标，倾听的主要技能有以下四点。

（1）要体察对方的感觉。一个人的感觉往往比他的思想更能引导他的行为，愈不注意感觉的真实面，就愈不会彼此沟通。体察感觉，意思就是指将对方话语背后的情感复述出来，表示接受并了解他的感觉，有时会产生相当好的效果。

（2）要注意反馈。倾听别人的谈话要注意信息反馈，及时查证自己是否理解对方。不妨这样："不知我是否理解你的话，你的意思是……"一旦确定了你对他的了解，就要进行积极实际的帮助和建议。

（3）要抓住主要意思，不要被细枝末节所吸引。善于倾听的人总是注意分析哪些内容是主要的，哪些是次要的，以便抓住事实背后的主要意思，避免造成误解。

（4）要关怀、了解、接受对方，鼓励他或帮助他寻求解决问题的途径。

步骤5　把握有效沟通四要点

（1）要学会欣赏和赞美对方。

（2）无论与谁沟通都要讲原则。

（3）要学会坚持，学会等待，学会捕捉机会，学会在反思总结中坚持和让步。

（4）学会礼让，选择再次沟通。

知识平台

一、影响沟通效果的因素及沟通者特征

影响沟通对象态度转变的因素主要有以下三点：① 可信性，包括权威性和动机；② 睡眠者效应，指沟通的说服力随着时间而变化；③ 类似性，即信息由一个与沟通对象相似的人来传递等。沟通者应准确认知对沟通对象产生影响的这几个重要因素，在日常工作生活中多加积累和训练，不断提升改变沟通对象态度的力量。

一般来说，如果沟通者具备这样一些特征，例如他说得在行（是一位专家或权威）、说得中肯（没有别有用心的动机）、说得动听（善于选择动人的词汇、语音、语调及表情），或是一位听众所喜欢的人，都会增加态度转变的效应。

请揣摩或模拟下面五个因素可能会对沟通对象态度转变产生效果：

（1）语言　语速适中，用词恰当，情绪饱满；语速快，用词尖锐，情绪低落。

（2）动作　平视，端坐，微笑；俯视，斜视，抱臂，用手指点。

（3）动机　从第三人称公正阐述或是站在对方角度进行沟通；以我为中心。

（4）身份　业界权威，相关专业；外行人士，无名小卒。

（5）角色关系　平等相待，利益共享；上下级，利益索求。

二、倾听中的行为秘密

（1）身体前倾，表示对谈话感兴趣。

（2）要"所答即所问"，表示你在认真地与对方交流。

（3）在倾听的过程中，适时加上自己的见解，以平衡给予和接受两个方面。

（4）以头部动作和丰富的面部表情回应说话者，鼓励沟通对象充分表达，以获取更丰富的信息。

三、倾听的奥妙

（1）必须充分认识到提高倾听技巧的必要性，并且愿意改进它。如果没有这种强烈的愿望，再怎么努力也是枉然。

（2）当很难弄懂对方的表达意图时，可以问："你为什么要告诉我这些?"

（3）要对"红牌"词语加以警惕。"痴呆""男性沙文主义者"等词可能会引发过激反应，或造成偏见。

（4）如果无意间走神了，回过神来的时候，发现无法接上对方的谈话，那么就注意一下关键词和使用最多的词。当说话的人谈吐不清、词不达意、不切题时，这种情况经常发生。

（5）尽量找一个不受干扰的地方交谈，如果周围有太多令人分心的事物，会影响精力集中，很难续接上思维链条。

四、倾听禁忌

（1）对谈话内容漠不关心。

（2）只听内容，忽略感觉。

（3）无故打断对方的谈话。

相关链接

沟 通 障 碍

1. 主观障碍

（1）个人的性格、气质、态度、情绪、见解等差别，使信息在沟通过程中受个人主观心理因素的制约。

（2）如果双方在经验水平和知识结构上差距过大，容易产生沟通障碍。

（3）在按层级传达同一条信息时，往往会受到个人记忆、思维能力的影响，从而降低信息沟通的效率。

（4）对信息的态度不同，使有些员工和主管人员忽略对自己不重要的信息，而只重视和关心与他们的利益有关的信息。

（5）主管人员和下级之间相互不信任，会影响沟通的顺利进行。

（6）下级人员的畏惧感也会造成障碍。

2. 客观障碍

（1）信息的发送者和接收者如果空间距离太远，社会文化背景、种族不同，也会影响信息沟通。

（2）组织机构过于庞大、中间层级太多，则信息容易失真而且浪费时间，这是由于组织机构所造成的障碍。

拓展训练

1. 美国纽约一位摩天大楼老板，每个月都要面对高昂的电梯修理账单。由于大楼楼层很高，电梯不会很快到达，在上下班高峰时，人们往往等得不耐烦，就会连续按动按钮，即便看见按钮灯已经亮起，但是似乎总觉得亲自按了才会安心，只有让自己的手指做了这件事情，电梯才会来，因此，电梯按钮的更换频率很高。大楼老板想了许多办法都没有奏效。无奈之下，老板重金悬赏解决方案，希望有人能够帮助乘客们改变这一习惯。最后，一位心理学家获得了这笔奖金。他的解决方法成本低廉，效果却出人意料的好。他只是在电梯门边安装了一面大镜子。这面镜子可以让乘客看见自己猴急的样子，所以只要他们站到镜子前，就会变得有礼貌，一个个都成为绅士淑女。

试分析该心理学家利用了沟通对象的什么特点？

2. 沟通能力测试题（每小题 10 分）：

（1）我能根据不同对象的特点提供合适的建议或指导。

（2）当我劝告他人时，更注重帮助他们反思自身存在的问题。

（3）当我给他人提供反馈意见，甚至逆耳的意见时，能坚持诚实的态度。

（4）当我与他人讨论问题时，始终能就事论事，而非针对个人。

（5）当我批评或指出他人的不足时，能以客观的标准和预先的期望为基础。

（6）当我纠正某人的行为后，我们的关系能够得到加强。

（7）当我与他人沟通时，我会激发出对方的自我价值和自尊意识。

（8）即使我不赞同，我也能对他人观点表现出诚挚的兴趣。

（9）我不会对比我权力小或拥有信息少的人表现出高人一等的姿态。

（10）在与持不同观点的人讨论时，我将努力找出双方的某些共同观点。

（11）我的反馈是明确而直接指向问题关键的，避免泛泛而谈或含混不清。

（12）我能以平等的方式与对方沟通，避免在交谈中让对方感到被动。

（13）我以"我认为"而不是"他们认为"的方式表示对自己观点负责。

（14）讨论问题时我更关注自己对问题的理解，而不是直接提建议。

（15）我有意识地与同事和朋友进行定期或不定期的私人会谈。

自我评价：① 120分以上：你具有优秀的沟通技能；② 80~110分：你在沟通技能方面有些地方需要提高；③ 70分以下：你需要严格训练自己的沟通技巧。

任务评价

评 价 项 目	评 价 要 点	权重	自评	师评
了解沟通对象	1. 准确判断沟通对象类别	10分		
	2. 尊重沟通对象	10分		
	3. 期待与沟通对象取得双赢结果	10分		
采取恰当的沟通方式	1. 方式因人而变	10分		
	2. 方式因时而变	10分		
	3. 方式因事而变	10分		
	4. 善用肢体语言	10分		
沟通规范	1. 语言规范	10分		
	2. 精神集中	10分		
	3. 真诚守信	10分		
总分		100分		

模块二
商务沟通形式

当认识了沟通主体与沟通对象之后，为使商务沟通过程顺畅、有效，人们可以通过口语表达、肢体语言、商务文书、电话、网络等形式来表达自己的思想、情感。通过口语表达、肢体语言、商务文书撰写、接打电话、网络沟通等技能的培养，以增强与人交流的能力。

本模块主要学习内容如下：

（1）了解口语表达的评判标准。

（2）掌握良好的口语表达技巧。

（3）了解倾听的层次。

（4）具有良好的倾听能力。

（5）了解肢体语言的类型和功能。

（6）能借助肢体语言与人沟通。

（7）掌握商务文书的种类。

（8）能利用商务文书与人良好沟通。

（9）掌握接打电话的礼仪和技巧，能在不同情境中正确使用电话。

（10）能正确利用网络进行沟通。

项目一
口语表达

项目描述

　　现代社会竞争激烈，人们之间的交往愈发频繁，口语交流作为社会交际最基本、最便捷的工具，其重要性日益凸显，口头语言比书面语言起着更直接、更广泛的交际作用。口语表达在生活中无处不在，关系到生活、学习、工作的成败得失，因而对人的口语表达能力提出了越来越高的要求。但有的时候，除了能言善辩外，也要善于倾听。倾听也是与人沟通的方式之一，也是一种能力。

项目情境

　　卡耐基的一生几乎都致力于帮助人们掌握谈话和演讲的方法与技巧，克服畏惧和胆怯的心理，培养勇气和信心。在"戴尔·卡耐基课程"开课之前，他曾做过一个调查，想要了解人们来上课的原因，以及对这种训练课程的期望。调查的结果令人吃惊，大多数人的中心愿望与基本需要都是一样的，他们是这样回答的："当人们要我站起来讲话时，我不能清晰地思考，不能集中精力，不知道自己要说什么。所以，我想在公共场所和社交人士面前侃侃而谈，能随心所欲地思考，能依逻辑次序归纳自己的思想，清晰地表达自己的观点，语言具有磁性和吸引力。"卡耐基认为，要达到这种效果，获得当众演讲的技巧，必须掌握好口语表达的方法。

卡耐基一生收到的感谢信可谓堆积如山。它们有的来自工业领袖，有的来自州长、国会议员、大学校长和娱乐圈中的名人，有的来自家庭主妇、牧师、教师、青年男女，有的来自各级主管人员、技术纯熟或生疏的劳工、工会会员、大学生和商业妇女等。这些人都需要具备在公开场合中表达自己的能力，以便让别人接纳自己的意见。他们在实现这一目标之后，就满怀感激地给卡耐基写信，以表谢意。

在竞争日益激烈的商务活动中，良好的口语表达有时能起到事半功倍的效果，值得大家高度重视和认真实践。

 项目分解

任务5　良好口语表达的评判标准及技巧

任务6　倾听的技巧

任务5　良好口语表达的评判标准及技巧

学习目标

技能目标

——能借助良好的口语表达与人沟通。

知识目标

——了解口语表达的评判标准。

——理解良好口语表达的技巧。

 工作任务

"现在求职竞争太激烈了！那些口才好、擅长表达的同学，求职的成功率会高得多。"中山大学2020届毕业生小田告诉记者，他的学习成绩在班里一直名列前茅，但因口语表达能力、沟通技巧有些欠缺，致使他在求职竞争中屡屡碰壁。

在激烈的就业竞争中，许多求职大学生都发现自己面临着这样一个现实：学习成绩、专业技能不再是企业选拔人才的唯一标准，在专业技能的基础上，许多公司把择业者的环境适应能力、自我控制能力、沟通能力，以及情商所涉及的一些基本素质作为竞岗者的标准。据广州一家职业测评咨询机构的负责人介绍，用人单位在选拔人才时，越来越重视大学生的综合素质，特别是良好的沟通能力。

据广州卡耐基口才培训总监介绍："在我们的学员中，有接近 1/3 是广州地区各大高校的在校生或正在找工作的大学生。其中中山大学、华南理工大学、暨南大学这些重点高校的学生所占的比例最大，甚至超过了来自普通院校、民办高校的学生。就业难，是大学生开始追捧口才训练的主要原因。"那么，作为职业院校的学生，就一定要转变过去那种"一技握在手，天下任我走"的狭隘思维了。

 任务分析

讲话也是生产力。拥有良好的口语表达能力，求职成功率自然要高出一筹。"冰冻三尺，非一日之寒。"良好的口才，往往是经过严格的口语训练培养出来的。口才的训练，不仅要勤练、苦练，而且要巧练。

工作步骤

步骤 1 语音标准

语音标准是口语表达最基本的要求。标准语音是普通话语音，要念准普通话的声母、韵母和声调，不读方言，不读错字，从而准确地表达信息，使对方听清、听懂。

步骤 2 发声技巧

抬头挺胸收腹，面带微笑；说话前深吸一口气，说话时慢呼气，控制好呼吸；吐字清晰，将字一个一个地弹出来；语气温柔甜美，充满感情。

步骤 3 节奏技巧

一般来说，语音的节奏速度同说话时的思想感情是一致的。随着说话时思想感情所呈现出来的不同状态，声音的节奏速度也不断变化而显现出不同的特点，有的轻快，有的凝重，有的高亢，有的低沉，有的急促，有的舒缓。要使自己的语音如同音乐般优美动听，必须注意语言节奏（表 2-1）。

表 2-1 常见演讲节奏的主要特点及适应范围

节奏类型	注意特点	适应范围
轻快型	轻快、欢快、活泼，语速较快	欢迎词、祝酒词、贺词
持重型	庄重、镇定、沉稳、凝重，语速较慢	理论报告、工作报告、开幕词、闭幕词

节奏类型	注意特点	适应范围
平缓型	平稳自如、有张有弛，语速一般	学术演讲、座谈讨论
急促型	语势急骤、激昂慷慨，语速快	紧急动员、反诘辩论
低抑型	声音低沉、感情压抑，语速迟缓	悼词、某些纪念性文章

知识平台

一、认识口语表达

口语表达是指用有声语言作为传播信息的手段，达到交际目的的表达方式。口语表达的基本要素包括语调、语气、音量、音长。如语气词"啊"，赋予它不同的情感、不同的音量、不同的音长、不同的音调，它所表达的就是不同的意思。

二、良好口语表达的评判标准

（1）主题明确。

（2）语言讲究。① 准确，主要是指遣词造句不要模棱两可；② 简洁，就是要言简意赅；③ 生动，就是具有活力，能感动人，可以增强说服力和感染力。

（3）注意语气和语调。

（4）谨慎并留有余地。事物是多变的，任何人不可能将其完全了解清楚，所以要采取谨慎态度。留有余地是指不要把话说得太绝，要根据一定的场景和对象说话，点到为止。

三、口语表达能力训练

训练口才不仅要刻苦，还要掌握一定的方法。科学的方法可以事半功倍。当然，根据每个人的学识、环境、年龄等不同，训练口才的方法也会有所差异，但只要选择适合自己的方法，加上持之以恒的刻苦训练，就能在通向"演讲家"的大道上迅速成长起来。

1. 速读法

这里的"读"指的是朗读，是发出声音去读，而不是用眼去看，所以，"速读"也就是指快速地朗读。这种训练方法的目的，在于锻炼口齿伶俐，语音准确，吐字清晰。

（1）方法　找一篇演讲词或文辞优美的散文，先用字典、词典将文章中不认识或弄不懂的字、词查清楚，然后开始朗读。一般刚开始朗读速度较慢，逐次加快，最后达到最快速度。

（2）要求　读的过程中不要有停顿，要发音准确、吐字清晰，尽量做到发声完整。因为如果你不将每个字音都完整地发出来，那么，在速度加快以后，就会让人听不清楚你在说些什么，也就失去了快的意义。语速的快必须建立在吐字清楚、发音干净利落的基础上。

2. 背诵法

速读法的着眼点在"快"，而背诵法的着眼点在"准"。即背诵一定要准确，不能有遗漏或错误的地方，而且在吐字、发音上也要准确无误。

（1）方法　首先，选一篇自己喜欢的演讲词、散文、诗歌；然后，对选定的材料进行分析、理解，体会作者的思想感情；之后，对所选作品进行一些艺术处理，比如找出重音、划分停顿，这些都有利于准确表达内容；最后，在以上几步工作的基础上进行背诵。

背诵的过程也可分步进行。第一，进行"背"的训练，也就是先将作品背下来。这个阶段不要求声情并茂，只要熟练记忆即可。在背的过程中，进一步领会作品的格调、节奏，为准确把握作品打下更坚实的基础。第二，是在背熟文章的基础上进行大声朗诵。将你背熟的作品大声背诵出来，要带有一定的感情，并随时注意发声的正确与否。第三，用饱满的情感，准确的语音、语调进行背诵。

（2）要求　准确无误地记忆文章，准确地表达作品的思想感情。

3. 描述插图法

图画色彩鲜明，形象生动，富有感染力，容易引起情感上的共鸣。优美的插图不仅能培养观察力，发展想象力，增强记忆力，而且能激发浓厚的兴趣，从而用形象的语言来表达自己的思想感受。描述插图法训练的主要目的在于增强语言组织能力和语言的条理性。

（1）方法　将一幅画或一个景物作为描述的对象，第一步，观察要描述的对象；第二步，描述，描述时一定要抓住景物的特点，有顺序地进行描述。

（2）要求　抓住特点进行描述，语言清楚明白；一定要用描述性的语言，并有一定的文采，切忌拖泥带水、平平淡淡，尽量生动、活泼些；要有次序，切忌南辕北辙、逻辑混乱地谈。描述的时候允许有联想与想象。

4. 讲故事法

讲故事实质上是一种智力训练，表达是否准确、流利、动听，是一个人的观察能力、思维能力和想象能力的综合体现。讲故事具有多方面的训练价值，不但要现想现说，而且要想得快，说得好，同时要发音正确，语句完整，语调恰当，声音洪亮，态度大方。

（1）方法　①分析故事中的人物。故事的情节性很强，而且主题大都通过人物的语言、行动来表现，所以在讲故事之前就要先研究人物的性格特征，以及人物之间的关系。②掌握故事的语言特点。故事的语言不同于其他文学形式的语言，其最大的特点是口语性强、个性化强，所以在拿到一个材料时，不要马上就开始练习讲，而要先把材料改成适合口语讲述的故事。③反复练讲。对材料做了以上的分析、加工以后，就可以开始练习了。通过反复练讲达到对内容的熟悉，使自己的感情与故事中人物的感情相融合，做到惟妙惟肖地表现人物性格，语言生动形象。

（2）要求　发音要准确、清楚，抑扬顿挫，不要平平淡淡地照本宣读。

 相关链接

口语表达的禁忌

（1）忌语言歧义。

（2）忌唱独角戏。

（3）忌空洞无物。

（4）忌呆板单调。

（5）忌伤害对方。

（6）忌音效不良。

（7）忌语速不当。

（8）忌动作太多。

（9）忌眼神不定。

（10）忌口头禅。

（11）忌艰深晦涩。

拓展训练

1. 实训环节

请准备一份到公司求职时的自我介绍，使招聘方在短时间内记住你。

2. 即兴演讲（时间 3 分钟）

（1）我的梦想。

（2）学会感恩。

（3）我心目中的老师。

（4）我的家乡。

（5）成长中的烦恼。

任务评价

评价项目	评价要点	权重	自评	师评
口语表达	1. 语音标准	25 分		
	2. 吐字清晰	15 分		
	3. 语言节奏符合讲话内容	15 分		
	4. 语气和语调符合讲话内容	20 分		
	5. 语言讲究	25 分		
总分		100 分		

任务 6 倾听的技巧

学习目标

技能目标

——具有良好的倾听能力。

——能借助倾听的方式与人良好沟通。

知识目标

——了解倾听的层次。

——理解积极倾听的策略。

工作任务

　　有一对父子，一见面就争吵不休，儿子嫌父亲啰唆，父亲嫌儿子不听话，总之是话不投机，见面说不上几句话就不欢而散。一次，儿子说："爸爸，你从来没有认真听我说过一句话，我现在只要你把我说的话重复一遍就行。"父亲答应了。当父亲重复了儿子的话，才发现儿子原来很懂事，父亲真诚地向儿子道了歉，父子之间的关系变得融洽。原来，这位父亲是一家大企业的总经理，平时很忙，也很专制，总是以自己的想法看待问题，从来没有认真听过儿子一次话。后来，在工作上，他也开始认真倾听下属的意见，企业业绩不断上升。

　　从上例可以看出，愿意倾听，并能听懂别人的话是成功沟通的关键。

 任务分析

　　在日常生活学习中，你认识到倾听的重要性了吗？你是不是常常半途打断别人的讲话？是不是又自以为是地进行反驳呢？沟通是双向的。我们不能纯粹向别人灌输自己的思想，还应该学会积极地倾听。对话从倾听开始，传达心声同样从倾听开始，只有倾听才会了解对方。

工作步骤

步骤1　创造倾听的良好气氛

创造有利的倾听环境，尽量选择安静、平和的环境，使传递者处于身心放松的状态。

步骤2　摒弃惹人生气的倾听习惯和话语

保持平和的心态，倾听中只针对信息而不是传递信息的人。诚实面对，承认自己的偏见，并能够容忍对方的偏见。

步骤3　抓住关键词，确定主要观点并做记录

随时做笔记。做笔记不但有助于聆听，而且能集中话题，并使对方觉得受到重视。

步骤4　不要过早做出结论或判断，避免武断和偏见

当你心中对某事已做出判断时，就不会再倾听他人的意见，沟通也就被迫停止。

步骤5　耐得住沉默，停止说话

尽量把讲话时间缩到最短。当讲话时，你便不能聆听别人的良言，这是沟通中许多人都会忽略的一点。

步骤 6 不要打断，听完整的意思

沟通只是在交流信息，而非辩论赛，争论过度对沟通没有好处，只会引起不必要的冲突。学习控制自己，保持耐心，抑制争论的冲动，放松心情。

步骤 7 不要以自我为中心

在沟通中，只有把注意力集中在对方身上，才能够进行倾听。但许多人习惯把注意力集中在自己身上，不太注意别人，这容易造成倾听过程的混乱和矛盾。

步骤 8 关注语言和非语言暗示

关注身体倾听的五要素：面对当事人，身体姿态开放，身体稍微倾向当事人，并有良好的目光接触和身体放松。

步骤 9 善于回应

表现出有兴趣的样子，端详对方的脸、嘴和眼睛，尤其要注视眼睛，将注意力集中在传递者的外表，这样能帮助你聆听。同时，这是让对方相信你在认真聆听的最好方式。

知识平台

一、认识倾听

倾听是凭借听觉器官接收言语信息，进而通过思维活动达到认知、理解的全过程。人们每天花在沟通上的时间，倾听占 46%，说话占 26%，阅读占 15%，书写占 13%。倾听比例最大。

 相关链接

"听"与"倾听"

（1）听 耳朵接收响声的行为；只有声音,没有信息；被动的、自动的、自然的。

（2）倾听 不仅获得信息，而且更加了解当事人；了解倾听者及当事人的思维途径；需要技巧和实践；是积极的、有意识的。

二、倾听的层次

倾听的层次如图 2-1 所示。

（1）最低一层是听而不闻，心不在焉。

（2）第二层次是虚以应付，敷衍了事。

（3）第三层次是"选择倾听"，只听感兴趣的话题。

（4）第四层次是"专注地听"，但并未用心。

（5）最高层次即真正用心倾听，是设身处地地倾听。

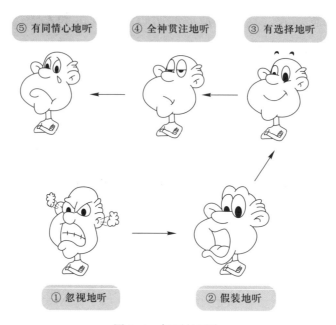

图 2-1　倾听的层次

三、倾听的过程

（1）倾听——选择某种刺激。

（2）解释——理解听到、看到和感觉到的信息。

（3）评价——对倾听对象及其信息进行评价判断。

（4）回应。

（5）记忆——保留部分信息在记忆中。一段时间后，只能记住少数内容。

 相关链接

倾听的五位一体法则

（1）用耳听。

（2）用眼看。

（3）用嘴问。

（4）用脑思考。

（5）用心灵感受。

拓展训练

　　某公司主管张力属下一位优秀的技术员王某递上了辞呈，辞呈几乎没有说明任何辞职的理由。张力脑袋一拍，自己好长时间没有关心这位技术员，他想起总经理经常指示各级主管要学习沟通技巧，因此，他向王某发出了邀请，请他今天下班后一起到咖啡厅聊聊天，王某十分爽快地答应了。张力和王某一同坐在咖啡厅后，张力开始了他的演讲。他想挽留王某，于是从企业文化、经营理念说起，谈到企业的前途，谈到自己工作的繁忙，谈到他正在苦苦探索的员工绩效考核指标，谈到他如何为员工着想，正准备向总经理要求多给员工发放奖金……可是，当张力谈到最得意的时候，王某却向他提出了告别。

　　为什么主管张力谈得兴起时，王某却向他提出了告别？

任务评价

评价项目	评价要点	权重	自评	师评
思维倾听	1. 不轻易打断对方	10 分		
	2. 没有催促对方	10 分		
	3. 倾听同时没有做其他事情	10 分		
	4. 记住对方讲话的内容	10 分		
	5. 没有对对方的话"盖棺定论"	10 分		
身体倾听表现	1. 面对当事人	10 分		
	2. 身体姿势开放	10 分		
	3. 身体稍微倾向当事人	10 分		
	4. 良好的目光接触	10 分		
	5. 身体放松	10 分		
总分		100 分		

项目二
肢体语言

 项目描述

  肢体语言又称身体语言，以身体的各种动作代替语言达到表情达意的沟通目的。广义言之，肢体语言也包括前述之面部表情在内；狭义言之，肢体语言只包括身体与四肢所表达的意义。肢体语言是商务人士的必修课程，是沟通中的重要一环。本项目主要介绍肢体语言的类型与功能、肢体语言技巧的培养。

 项目情境

  1775 年 3 月 23 日，美国独立战争时期的自由主义者帕特里克·亨利，在弗吉尼亚州议会上以传神的体态，表达了要为自由奋战到底、"不自由，毋宁死"的决心。当他说到"难道生命这么珍贵，和平如此可爱，甚至不惜付出戴着镣铐当奴隶的代价来换取"时，语调低沉而痛苦，声音微弱而嘶哑，他佝偻着身躯，双手捧着胸口，缓慢地走向讲台前沿，似乎被沉重的镣铐压得直不起腰来。他的动作和声音感染了听众，他们似乎也被奴役和屈辱压迫得透不过气来，整个会场鸦雀无声。忽然，帕特里克抬起头，挺起胸膛，站直身子，双手高举向上，仿佛拽下了镣铐。他高喊："万能的上帝啊！制止这种妥协……"

帕特里克·亨利用一系列的肢体语言强化了他要表达的内心思想，给在场的听众以强烈的震撼，演讲的目的当然也就容易达成。

 项目分解

任务7 肢体语言的类型、功能及技巧

任务7 肢体语言的类型、功能及技巧

学习目标

技能目标

——能借助肢体语言与人沟通。

——能很好地利用肢体语言。

知识目标

——了解肢体语言的类型。

——理解肢体语言的功能。

 工作任务

《儒林外史》中的吝啬鬼严贡生，临死前看到屋里点着两根灯芯还怕费油，伸出两个指头，就是不肯断气。还是他老婆懂得这个手势的含意，掐掉了一根灯芯，他才断气。一个简单的手势就把一个贪财吝啬的土财主形象刻画得入木三分。

 任务分析

谈到由肢体表达情绪时，我们会想到许多惯用动作的含义。诸如鼓掌表示兴奋，顿足代表生气，搓手表示焦虑，垂头代表沮丧，摊手表示无奈，捶胸代表痛苦。不同对象在不同情况下的肢体语言也大不相同，当事人以肢体活动表达情绪，他人可由之辨识出当事人肢体语言所表达的心境，进而准确把握对方心里所想，达到良好沟通的目的。

步骤1　了解基本姿势礼仪

1. 坐姿

正确的坐姿应是上身挺直、收腹、下颌微收，两腿并拢。如有可能，应使膝关节略高出髋部。如坐在有靠背的椅子上，则应在上述姿势的基础上尽量将腰背紧贴椅背，这样腰骶部的肌肉不会疲劳。久坐之后，应活动一下，松弛下肢肌肉。另外，腰椎间盘突出患者不宜坐低于 20 cm 的矮凳，尽量坐有靠背的椅子，这样可以承担躯体的部分重量，减少腰背劳损的可能。

2. 站姿

正确的站姿是沿中心线（从头部中心延伸经过颈、肩、臀、膝及脚底）平衡分布身体重量于双脚，达到体重与姿态的平衡。此外，还应抬头，下巴与地面保持水平；挺胸，肩部放松；小腹内收。良好的站姿能体现一个人积极乐观的健康精神，还能预防疲劳发生和身体变形。

不正确的站姿包括：僵直，胸部过分凸起；弯腰驼背，躯体肌肉紧张度不够；背部下凹或脊柱前凸，腹部鼓起；脊柱后凸、背部下凹及垂肩，脊柱侧凸。

3. 走姿

正确的走姿应从容、平稳、直线。为此，良好的走姿应当身体直立、收腹直腰、两眼平视前方，双臂放松，在身体两侧自然摆动，脚尖微向外或向正前方伸出，跨步均匀，两脚之间相距约一只脚到一只半脚，步伐稳健，步履自然，有节奏感。起步时，身体微向前倾，身体重心落于前脚掌，行走中身体的重心要随着移动的脚步不断向前过渡，而不要让重心停留在后脚，并注意在前脚着地和后脚离地时伸直膝部。

除上述要求外，还要注意男女步态风格有别。男步稍大，步伐应矫健、有力、潇洒、豪迈，展示阳刚之美；女步略小，步伐应轻捷、含蓄、娴雅、飘逸，体现阴柔之美。

在日常生活中应当避免的走姿是：走路时身体前俯、后仰，或两个脚尖同时向里侧或外侧呈八字形走步，步子太大或太小，这都给人一种不雅观的感觉；双手反背于背后，这会给人以傲慢、呆板之感；身体乱晃乱摆，也会让人觉得轻佻，缺少教养。

步骤2　了解基本手势礼仪

手是肢体语言中最重要的传播媒介，招手、挥手、握手、摆手等都表示不同的意义。人在紧张、兴奋、焦急时，手都会有意无意地表现着。作为仪态的重要组成部分，手势应该得到正确的使用。手势也是人们交往时不可缺少的动作，是最有表现力的一种"体态语言"，俗话说："心有所思，手有所指。"手的魅力不亚于眼睛，甚至可以说手就是人的第二双眼睛。手势表现的含义非常丰富，表达的感情也非常微妙复杂。如招手致意、挥手告别、拍手称赞、拱手致谢、举手赞同、摆手拒绝；手抚是爱、手指是怒、手搂是亲、手捧是敬、手遮是羞等。手势的含义，或是发出信息，或是表示喜恶感情。能够恰当地运用手势表情达意，会为交际形象增辉。

步骤 3 了解基本眼神礼仪

1. 人际交往中的注视范围

与人交谈时，应目视对方，目光局限于上至对方额头，下至对方衬衣第二粒纽扣，左右以两肩为准的方框中。一般有三种注视方式：① 公务注视，一般用于洽谈、磋商等场合，注视的位置在对方的双眼与额头之间的三角区域；② 社交注视，一般在社交场合，如舞会、酒会上使用，位置在对方的双眼与嘴唇之间的三角区域；③ 亲密注视，一般在亲人、恋人、家庭成员等亲近人员之间使用，注视的位置在对方的双眼和胸部之间。

2. 注视角度

人际交往中要方便服务工作，又不至于引起服务对象的误解，就需要有正确的注视角度。

（1）正视对方　即在注视他人的时候，与之正面相向，同时还须将身体前部朝向对方。正视对方是交往中的一种基本礼貌，表示重视对方。

（2）平视对方　在注视他人的时候，目光与对方相比处于相似的高度。在服务工作中平视服务对象可以表现出双方地位平等和不卑不亢的精神面貌。

（3）仰视对方　在注视他人的时候，本人所处的位置比对方低，就需要抬头向上仰望对方。在仰视对方的状况下，往往可以给对方留下信任、重视的感觉。

步骤 4 了解基本面部表情礼仪

表情，即面部表情，是指脸部各部位对于情感体验的反应动作。表情与说话内容的配合最便当，因而使用频率比手势高得多。达尔文在《人类与动物的表情》一书中指出，现代人类的表情动作是人类祖先遗传下来的，因而人类的原始表情具有全人类性。这种全人类性使得表情成了当今社交活动中少数能够超越文化和地域的交际手段之一。

笑与无表情是面部表情的核心，任何其他面部表情都发生在笑与无表情两极之间，体现为这样两类情感活动表现形式：愉快（如喜爱、幸福、快乐、兴奋、激动）和不愉快（如愤怒、恐惧、痛苦、厌弃、蔑视、惊讶）。愉快时，面部肌肉横位，眉毛轻扬，瞳孔放大，嘴角向上，面孔显短，所谓"眉毛胡子笑成一堆"。不愉快时，面部肌肉纵伸，面孔显长，所谓"拉得像个马脸"。无表情的面孔，平视，脸几乎不动。无表情的面孔最令人窒息，它将一切感情隐藏起来，叫人不可捉摸，而实际上它往往比露骨的愤怒或厌恶更深刻地传达出拒绝的信息。真诚的微笑是社交的通行证，向对方表明自己没有敌意，并可进一步表示欢迎和友善。微笑如春风，使人感到温暖、亲切和愉快，给谈话带来融洽平和的气氛。

常用面部表情的含义：点头表示同意，摇头表示否定，昂首表示骄傲，低头表示屈服，垂头表示沮丧，侧首表示不服，咬唇表示坚决，撇嘴表示蔑视，咬牙切齿表示愤怒，神色飞扬表示得意，目瞪口呆表示惊讶等。

知识平台

一、认识肢体语言

肢体语言又称身体语言，通过头、眼、颈、手、肘、臂、身、胯、足等人体部位的协调活动以表情达意的一种沟通方式。广义上，肢体语言也包括面部表情在内；狭义上，肢体语言只包括身体与四肢所表达的意义。

二、肢体语言的类型

1. 头部姿势

（1）侧向一旁（图 2-2）：对谈话有兴趣。

（2）抬头姿势，挺得笔直（图 2-3）：对谈判和对话人持中立态度。

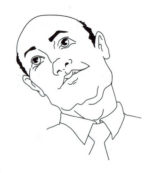 

图 2-2　对谈话感兴趣的姿势　　图 2-3　对谈话持中立态度的姿势

（3）低头（图2-4）：对对方的谈话不感兴趣或持否定态度。

2. 肩部姿势

（1）使劲张开双臂：有决心和责任感。

（2）耷拉：心情沉重，感到压抑。

（3）双肩往后耸：不满、愤怒。

（4）耸肩：不安、遗憾或恐怖。

（5）双肩向前挺出：自感负担太重，似乎在暗示肩部不堪重负。

图2-4 对谈话不感兴趣或
持否定的姿势

3. 手部动作

（1）在耳朵部位挠痒痒或轻揉耳朵：已不想再继续听下去。

（2）用手指轻轻触摸脖子：对所说内容持怀疑或不同意态度。

（3）把手放在脑袋后边：有意辩论。

（4）用手挡住嘴或稍稍触及嘴唇或鼻子：想隐藏内心的真实想法。

（5）用手指敲击桌子：无聊或不耐烦（用脚敲击地板同此理）。

（6）用手托腮，食指顶住太阳穴：正在仔细斟酌对方的话。

（7）用手托腮：觉得无聊，想放松放松。

（8）轻轻抚摸下巴：在考虑做决定。

（9）手指握成拳头：小心谨慎，情绪有些不佳。

（10）手放在腰上：怀有敌意，随时准备投入行动。

（11）仔细清除衣服上看不见的尘土：内心里不同意对方所言，但因某种原因不说出来。

4. 腿姿

交叉腿的姿势：否定或防御的态度。

5. 坐姿

坐姿一般能毫不掩饰地反映人的心理状态。

（1）抬头仰身靠在座位上：倨傲不恭的心理。

（2）上身略微前倾，头部侧向说话者：洗耳恭听的态势。

（3）上身后仰并把脚放在面前的茶几或桌子上：放纵失礼的表现。

（4）欠身或侧身坐在椅子的一角：谦恭或拘谨的反映。

（5）跷起二郎腿不时晃动：心不在焉。

（6）不断变换坐姿：疲倦、不耐烦或想发表意见。

6. 眼神

达·芬奇说"眼睛是心灵的窗户"。眼神可以体现复杂的心理活动：眼睛生辉，炯炯有神，是人心情愉快、对前途充满信心的反映；急速眨眼，是掩饰内心恐惧的表现；眼球不停地转，可能在打什么主意；双方对视时，一方突然把眼光转移，意味着胆怯和退缩；眼镜滑落到鼻尖，从眼眶边或眼镜下方窥视对方是鄙视和不敬的表示。

一般地说，目光应该坦率地与对方接触，活动范围大体在嘴、头部和脸颊两侧，表情要和蔼可亲，对眼睛的注视一般不超过 1 秒钟。千万不要盯视对方，更不要咄咄逼人，避免斜视、瞪视和眯眼。

（1）眼神表达的时间　眼光停留在谈话者脸部的时间若超出了60%的时间长度，意味着对谈话者本人比对谈话内容更感兴趣；若小于30%，则意味着对谈话内容和谈话本人均不十分感兴趣；而眼光停留在谈话者脸部合适的时间为整个时间长度的30%~60%。

（2）目光的投向　近亲密注视，是将视线停留在两眼及嘴部之间（三角）。远亲密注视，是将视线停留在两眼及腹部之间（长方）。社交注视，是指视线停留在双眼与嘴部之间的三角区域，对象为领导、朋友、谈判对象等。当然也要注意各民族的习惯和文化背景，如南欧人常把注视对方看成是冒犯，日本人在谈话时喜欢注视对方的颈部。

（3）目光的注视　目光注视能确切表明其态度。正视意味着对对方非常重视，或谈话的话题严肃；斜视意味着对对方的轻蔑或反感；耷拉眼皮意味着对对方毫无兴趣甚至厌恶。

（4）视线的长短与软硬　直视，给人的感觉是眼神长而硬，表示关注或不满。盯视，给人的感觉是眼神长而硬，表示执着或憎恨。虚视，给人的感觉是眼神短而软，表示等待或探询。探视，给人的感觉是眼神长而软，表示爱怜或担心。闭目，给人的感觉是眼神视线全收，表示哀伤或思念。

（5）控制对方的眼神　有时用图画、实物、手势作辅助，可以控制对方的眼神。

（6）眼神表示的态度　在日常交往中，不同的目光常常传达着不同的态度。如正视表示尊重，斜视表示轻蔑，热情的目光传达善意，傲慢的目光拒人于千里之外，深邃犀利的目光给人以智慧，明亮欢快的目光展现坦然与乐观……一个良好交际形象的目光应是自然、礼貌、友好的。学会准确、恰当地运用目光来表达自己热情、诚实的工作态度，有助于与人建立轻松、和谐的社交关系。

三、肢体语言技巧的培养

1. 手势运用的技巧

自然，有力，不夸张，不烦琐，上臂不贴紧身体，勿抱于胸前或小腹前，上不超肩

10 cm，下不过腰 10 cm，手势目的明确，出掌要并指，虎口要张开，出拳要紧握。

2. 眼神训练法

（1）前视法　目光一直向前流动，统摄全场。用弧形视线在全场流转，重点可停留在全场中间部位听众的脸上。给人一种关注的感觉。

（2）环视法　将视线从会场的左右前后来回扫动，不断观察全场，与全体听众保持目光接触，增强双方的感情联系。注意头部的摆动应有规律。

（3）点视法　视线有重点地观察个别听众或会场的某个角落，并与之进行目光接触。对专心听讲者可起到启发、引导、鼓舞的作用；对未专心听讲者起到批评和制止作用。

（4）虚视法　指的是似看实未看，这样可将精神集中在演讲上。

（5）闭目法　指的是以短暂的闭目来表示某种特殊感情，如哀悼或表示对有贡献者的敬意。

　相关链接

手势运用的忌讳

（1）手插口袋或双手背后。

（2）手敲桌面或白板。

（3）以食指指向听众。

（4）玩弄或挥动白板笔。

（5）抓裤子，拉衣服，玩戒指。

拓展训练

1. 讨论题：2005 年春节联欢晚会的舞蹈《千手观音》让许多观众为之倾倒，而舞者却是一群聋哑人。想一想，舞蹈《千手观音》的手势语有什么震撼效应？

2. 演讲下面的片段，体验肢体语言的表达技巧。

（1）同志们，当我听到中国女排荣获世界冠军时，再也抑制不住内心的激动，我欢呼，我歌唱，我跳跃（面部表情应该欣喜、激动）。

（2）蒋筑英同志就这样和我们永别了，他的去世，使我们失去了一位好同志，也是我国光学事业一个很大的损失（哀伤处要表达痛惜）。

（3）乐曲的音调越来越高（手势动作）。

（4）高大的建筑物突然陷入地下（手势动作）。

（5）你这胆小鬼，走起来像条虫（手势动作）。

任务评价

评价项目	评价要点	权重	自评	师评
肢体语言	1. 头部姿势	15分		
	2. 手部姿势	15分		
	3. 眼神	20分		
	4. 肩部姿势	10分		
	5. 腿姿	10分		
	6. 坐姿、站姿、走姿	30分		
总分		100分		

项目三
商务文书

项目描述

当今社会是市场经济社会，商务活动则是各种社会活动的基础。企业的大部分沟通是以商务文书形式展开的。商务文书也成为企业与企业、企业与员工、领导与员工的沟通工具之一。了解商务文书是十分必要的。

项目情境

有一位同学不慎丢失了钱包，非常着急，贴了一个"启示"。

启示

本人因不慎丢失钱包一个，内装人民币 300 元整，另内装银行卡两张，饭卡一个，有拾到者与失主联系，定有酬谢。

联系人：某某某
某年某月某日

请大家讨论一下：这个寻物启事有什么问题？可能带来什么样的后果？

项目分解

任务 8　商务文书的种类、特点及写作技巧

工作任务

2002 年以前，某公司生产经营的红色罐装凉茶在广东、浙江销量稳定，销售业绩连续几年维持在 1 亿多元。但公司的管理层发现，发展到该规模后，要把企业做大、走向全国，面临一连串的问题，其中最主要的问题是消费者对红罐凉茶认知混乱，有的将其当"药"看待，有的当"饮料"看待，而两广以外的消费者没有"凉茶"概念，原有的广告推广语"健康家庭，永远相伴"并不能体现出红罐凉茶的独特价值。

为此，2002 年年底，该公司找到成美营销顾问公司为红罐凉茶进行宣传，以期推动销售。成美营销认为，此项目成败的关键在于品牌的定位，并突出红罐凉茶的独特价值。因此，一是在广告宣传中尽量突出其降火气的功效而非价格低廉，当人们潜意识中接受这个产品的时候就会忽略其价格因素；二是碳酸型饮料已经不被消费者认同，大量采用时尚白领的广告造型深入人心，同时在宣传场景中多采用日常消费者经常接触的夜晚 K 歌、熬夜加班等，都在暗示消费者红罐凉茶的饮用场所很广泛。广告推出后，该品牌凉茶成为深受中国消费者喜爱的凉茶饮料。

一个广告"火"了一个产品，甚至救活一个企业的案例很多，背后的文案设计理念最为关键。

任务分析

要创作出成功的广告文案，必须头脑清晰，清楚自己要向什么人传递什么样的信息。为此，首先要掌握广告文案写作的相关知识和技能；其次是对产品的设计思路、特性、目标人群及销售现状等有深入和全面的了解，才能创作出满足企业诉求的广告文案。

步骤1 了解商务文书的分类

在实际工作中，可能会遇到形形色色的商务文书，根据其形式或内容用途可以进行大致分类。

1. 按形式划分

以形式作为划分标准，商务文书可以大致分为固定格式的商务文书和非固定格式的商务文书两类。

（1）固定格式的商务文书 常见的固定格式的商务文书有：商务合同、邀请信、通知、请示及批复。相比较而言，这类商务文书的格式有比较规范的要求。

（2）非固定格式的商务文书 非固定格式的商务文书在日常工作中往往应用更为广泛，其中最为大家所熟悉的就是随着计算机和网络一同兴起的电子邮件。

2. 按内容用途划分

以内容及用途作为划分标准，商务文书则可分为通用商务文书、礼仪性商务文书、商务事务性文书、商务经营性文书、商务策划文书五类。

（1）通用商务文书 常见的通用商务文书有：通知、会议纪要、请示、批复、总结、备忘录及报告等。

（2）礼仪性商务文书 礼仪性商务文书主要是指贺信、贺电、邀请书、请柬及慰问信。

（3）商务事务性文书 商务事务性文书主要是指意向书、招标书、投标书、商务合同、商务信函、商品说明书、企业大事记等。

（4）商务经营性文书 商务经营性文书主要是指股份有限公司年度报告书、市场调查报告、质量分析报告、产销分析报告、财务分析报告、企业审计报告、企业预决算报告、市场预测报告、可行性研究报告等。

（5）商务策划文书 商务策划文书主要是指广告策划书、公共关系策划书、市场营销策划书、新产品开发策划书、企业名牌战略策划书、销售服务策划书、企业形象策划书、招商策划书等。

步骤2 学习商务文书的写作特点

叶圣陶老先生曾经说："公文不一定要好文章，但必须写得一清二楚、十分明确、字稳词妥、通体通顺，让人家不折不扣地了解说的内容是什么。"标准公文（人民日报的社论等）的这些规范性特征也适用于商务文书。

另外，唐代伟大的现实主义诗人白居易在某种意义上算是一个商务文书写作的典范，因为白居易所写文章和诗歌非常直白、通俗易懂，少有引经据典，并不通过辞藻的堆砌来追求华丽的文风。

通过以上例子，可以提炼出商务文书的特点。

（1）简明　正所谓"句中无余字，篇内无赘语"，简明是商务文书的首要特点。

（2）准确　准确就是要求商务文书做到"一字入公文，九牛拔不出"，不要像"关门闭户掩柴扉"这样的表述将相同的意思重复三次。在意思清楚的前提下，商务文书写作应追求尽量用一段话、一句话甚至是一个词将核心意思表达出来。

（3）朴实　朴实是指在商务文书写作中不要刻意堆砌辞藻，一代文豪白居易尚且不这样做，我们就更不必在这个方面显示自己的文采和水平了。

（4）庄重　庄重是指商务文书的整体风格不要过于诙谐幽默，太多的玩笑会极大影响文书的严肃性。

（5）规范　商务文书写作在许多方面还具有规范性强的特点，其中标点符号的规范性尤为重要，但是却往往被大家忽视。

 相关链接

商务文书惯用语

（1）称呼部分的惯用语。

台鉴——"台"，旧时对别人的敬称。"台鉴"，是"请您审阅"的意思。

［例］湖北省化工进出口公司财务经理××先生，台鉴……

（2）正文开头部分的惯用语。

悉——"知道、了解"的意思。

［例］三月八日来函已悉。

谨悉——"恭敬地明了（其中的内容）"的意思。

［例］来函谨悉。

兹启者——"兹"，"现在"之意。"兹启者"，是"现在陈述的"的意思。

［例］兹启者，合约事实上早作撤销处理，我司不可能再办理装运货物出口。若贵司对该货仍有需求，请提出新订单。

（3）正文送达发函者意见部分的惯用语。

鉴于——"由于考虑到"的意思。

［例］……鉴于我司目前财力较紧，我方恳请以分期付款的方式支付。

拟于——"打算在"的意思。

［例］我司拟于下月初派员工前去洽谈有关事宜。

就绪——"已经安排好"的意思。

[例]看样订货会筹备工作就绪。

业经——"已经经过"的意思。

[例]贵司来函所叙提高黄豆销价一事，业经我董事会商讨同意，请按5%提价数执行。

（4）正文结束语部分的文言惯用语。

函达——"写信告知"的意思。

[例]……特此函达。

见复——"得到答复"的意思。

[例]……希迅予办理见复。

查照——"查看"的意思。

[例]……希查照办理为荷。

（5）落款签名部分的惯用语。

谨复——"恭敬地答复"的意思。

[例]香港××中华商会××谨复。

谨启——"恭敬地陈述"的意思。

[例]……××公司谨启。

拓展训练

选择题：

1. 以下属于礼仪性的商务文书是（　　）。

   A. 备忘录
   B. 请示、批复
   C. 通知、会议纪要
   D. 贺信、贺电

2. 商务文书的首要特点是（　　）。

   A. 独特
   B. 简明
   C. 详细
   D. 全面

3. 以下属于非固定格式的商务文书的是（　　）。

   A. 商务合同
   B. 邀请信
   C. 通知
   D. 电子邮件

任务评价

评价项目	评价要点	权重	自评	师评
商务文书内容	1. 主题明确	25分		
	2. 材料真实、典型、新颖	25分		
	3. 结构完整合理，层次分明	25分		
	4. 用词准确、规范、朴实、简明	25分		
总分		100分		

项目四
电话

 ## 项目描述

电话是现代社会相当便利的通信工具，在商务沟通中，电话也是很重要的沟通工具。在日常工作中，使用电话的语言很关键，它直接影响着一个公司的声誉；在日常生活中，人们通过电话也能粗略判断对方的人品、性格。因而，掌握正确、礼貌的打电话方法是非常必要的。随着科学技术的发展和人们生活水平的提高，电话的普及率越来越高，人离不开电话，每天要接、打大量的电话。打电话看起来很容易，只需对着话筒同对方交谈，似乎和当面交谈一样简单，其实不然，打电话大有讲究。本项目主要介绍商务电话的基本礼仪及技巧培养。

 ## 项目情境

刘小姐是东方公司的总经理秘书。上午上班时，电话铃响了。刘小姐在铃响第二声时接起："您好！这里是东方公司，我是秘书刘红。"电话是上司打来的，让刘小姐通知各部门主管下午 3:00 到会议室开会，会议议题是关于新产品发布的事项。刘小姐在电话记录本上记录下时间、地点、内容。挂断电话后，刘小姐将所有要通知的部门在便笺上列出，然后逐个打电话通知。通知销售部主管时，刘小姐在电话里是这样说的："李主管，今天下午 3:00 在会议室有一个关于公司新产品发布事项的会议，由总经理主持，希望您到时参加。"得到肯定答复后，刘小姐等对方挂断电话后才挂断电话。

看似简单的接打电话能体现商务人士的职场修养和工作规范，也代表着一个组织的形象，规范的接打电话是商务人士必备的基本功之一。

 项目分解

任务 9　商务电话的基本礼仪及技巧

任务 9　商务电话的基本礼仪及技巧

 工作任务

秘书小王第一天上班就遭到了主任的批评，原因是他接的三个电话。第一个电话，铃声刚响，他就赶紧抓起电话："喂，你找谁？"第二个电话是对方打错了，小王一听就告诉对方"你打错了"，随即挂了电话。第三个电话是找经理的，小王告诉他经理外出了，对方马上问："你知道经理的手机吗？"小王赶紧帮他查到了经理的手机号。

想一想：小王为什么遭到主任的批评？ 三个电话都处理得不对吗？ 错在什么地方？

 任务分析

电话是现代人工作和生活中必不可少的设备，这常见的小小电话，用起来也有许多讲究。电话交谈的第一声，常会给人留下深刻的印象。一个电话可能会影响个人甚至整个组织的形象。千万不要认为打电话是小事情，你必须彬彬有礼地接听电话，以显示你的个人修养和职业素质。

工作步骤

步骤 1　记录准备

不要过于相信自己的记忆，可以在电话旁边准备好"电话记录表"（或记事本）和笔等，电话铃一响，左手摘机，右手马上准备记录。

步骤 2　礼貌应答

一般情况下，应在电话铃响两声后立即摘机接听。接电话后，先问好，再做自我介绍（包括介绍自己的单位和自己），以便对方确认自己所打的电话是否无误，这是国际惯用的电话礼节。目前，我国许多单位都是采用这一模式。

如果对方也做了自我介绍，则可正式通话。

如果一接电话就能辨认出对方，便可直接称呼对方，"啊，您好！×先生（小姐）"，这会给对方留下特别亲切的印象。

如要传呼电话时，应明白告诉对方："请稍等一下，我这就去请×××来接电话。"

步骤 3　认真听记

通话时，应用心倾听，准确领会对方意图，认真做好记录。

通话过程可适当插用一些短语或其他的反应方式，如"好的""那一定是一个好主意"和"我们会尽快处理的"表示自己在认真倾听。

重要的内容应主动予以复述，以得到主叫方的确认。

如果某个问题必须放下话筒作进一步的查问才能回答对方，则应向对方说明需要多长时间并征询对方可否等待。

如果通话时又有另一个电话打进来，应礼貌地向对方说明并请对方稍候。

如果确信对方在电话中所谈的内容无法解决时，不要生硬地拒绝对方，使对方陷入窘境，而应热情地给予对方一些力所能及的帮助，如帮助对方把电话转到可以解决问题的分机，或告知对方应找人员的电话号码及姓名等。

带有秘密性质的电话留言，要注意保管好留言记录。

通话要注意节奏，不宜太快或太慢，因为适中的节奏，可体现出一个人的沉着和自信。

步骤 4　结束通话

一般来说，应贯彻"谁拨出电话谁先挂断"的原则，如果对方是长辈或领导，更应如此。如果对方也在礼貌地等候，可以客气地说："还有事吗？我可以放下电话了吗？"

如果内容已讲完，对方仍喋喋不休，不能生硬地打断对方，而应找适当的借口礼貌地结束电话，比如说"我已经都记下了，请放心吧"或"我还有一个电话要接""我手头还有急事要处理，我们下次再谈吧"。

知识平台

一、接打电话的基本礼仪

1. 拨打电话的礼仪规范

（1）拨打电话的时间与时差。

① 办公电话尽量在上班时间拨打。对于公事来讲，最好的通话时间应在办公时间段，即 9:00—11:00 和 14:00—16:00 期间。这段时间人们的办公效率较高，在这段时间通话往往能够引起对方的重视，以便快速收到有效答复。如果太早通话，对方可能还处于上班前的准备状态，没有完全安顿下来；如果临近下班时间打电话，对方可能已经在做下班准备了，注意力会不集中，影响事务的办理。

② 私人电话尽量不要影响对方休息。除非是特殊或紧急情况，不然因为私事打电话，时间应尽量在早 8 点后、晚 10 点前。午餐时间尽量不要打电话，否则会影响对方休息，如果因此引起对方的反感或恼怒，很可能会影响通话目的的达成。此外，还要注意上班时间不要拨打私人电话。

③ 控制通话时间。电话沟通要简明扼要，每次通话时间尽量控制在 5~10 分钟。如果需要较长的通话时间，在接通电话后应先简要说明情况，询问对方是否有足够的时间接听电话，然后再谈。如果有必要可以提前预约电话。

④ 打国际长途电话要考虑时差。时差是由于世界各国所处地理位置不同而引起的时间差异，例如，北京和纽约时差约 13 小时，如果北京时间 14:00 给美国纽约打电话，那么当地时间是凌晨 3 点钟左右。因此，如果不注意时差问题，就会在错误的时间段给对方打电话，从而引起对方的不满。

（2）拨打电话时要考虑对方处境。

① 敏感话题要避人。如果需要通过电话和对方商量一些敏感话题（人事变动等），一定要先询问对方是否方便通话，否则可能会出现一些尴尬情况，比如，你准备和人事经理在电话里讨论小王的辞聘问题，而此时小王就坐在人事经理办公室里。

② 准备通话提纲。给对方打电话商洽事情，最好提前准备一个通话提纲，把通话要点一一列出，可以保证在通话时条理清楚，避免遗漏。

③ 通话时要保持良好状态。通话时，最好面带微笑，通过微笑带动积极的心态和情绪，这样即使对方看不见你，但是从振作的语调中也能感受到你良好的精神状态，这样会给对方留下深刻、良好的印象。

（3）拨错电话要道歉。在生活、工作中难免会出错，如果不小心拨错了电话，一定要向对方道歉，切忌不声不响地挂断电话。

2. 接听电话的礼仪规范

接听电话的礼仪，可以分为本人受话、代接电话及录音电话礼仪三种。

（1）本人受话礼仪。

① 电话铃响三声之内接听电话，拿起话筒后，首先要问好，然后自报家门。

② 重要的信息要记录，如时间、地点、联系事宜、需解决的问题，电话记录要简洁、完备。

③ 如果目前的工作确实非常重要，要向来电者说明原因，表示歉意，并约一个具体时间，到时候自己再主动打过去。

（2）代接电话礼仪。

① 接电话时，假如对方所找的人不是你，不要在语气和言词里表现出失望和不愉快，也不要拒绝对方代为转达的请求，尤其是不要对对方所要找的人有"微词"，因为有时别人也会为你代接电话。

② 上班时间打来的电话几乎都与工作有关，不可轻视，即使对方要找的人不在，切忌只说"不在"就把电话挂断。接听电话时要尽可能问清事由，避免误事，如自己无法处理，应该认真地记录下来。

③ 尊重隐私。不要向来电者询问对方和他所要找的人之间的关系。当打电话的人要求转达某事给某人的时候，要诚实守信、按照原意转告，并注意不要对不相干的人提及。

④ 在没有授权的情况下，不要随便说出对方所要找的人的行踪、私人手机号码等。

⑤ 准确记录。对于来电者要求转达的具体内容，最好认真做好记录。

（3）录音电话礼仪。

① 录音制作。使用录音电话时要制作一段录音留言。留言的常规内容有：问候语、电话机主的单位或姓名、致歉语、留言的原因、对来电者的要求及道别语等。

② 来电及时导出。对于录音电话上打进来的电话，要及时导出来并对重要的电话进行及时回复。

③ 如果遇到对方拨错号码，不可大声怒斥或用力挂断电话，应礼貌地告知对方。

二、接打电话的技巧

1. 拨打电话的技巧

（1）要做好打电话前的准备工作。仔细核对电话号码，正确称呼，准备好文件、资料等，最好能准备通话提纲。

（2）替自己的上司打电话给对方上司时，应在对方上司接电话前就将电话递给自己的上司。

（3）对方提问题，回答问题时不得越权。

（4）通话时要遵守保密纪律，不得泄密。

2. 接听电话的技巧

（1）尽量用肯定的语气表示否定的意思，将命令形式转为请求形式。

（2）注意清晰准确地发出每一个音节，确保你的交谈使对方准确清晰地接收你的信息。同时，无论谈论什么话题，都应保持谈话的语调与所谈及的内容相互配合，并恰当地表明你对某一话题的态度。

（3）控制适当的音量，保持完美的语速。

（4）坐姿端正，所发出的声音也会亲切悦耳、充满活力。在电话交谈时，应保持"双L"形的坐姿，即从侧面看，脚和小腿形成一个"L"，大腿及躯干形成另一个"L"。

三、特殊电话处理技巧

我们每天都会接到许多电话，或联系业务，或推销产品，或借贷募捐……有来自外界的，也可能是内部打来的；有来自认识的人，也可能是陌生人打来的；有公开的，也可能是匿名的……面对繁多的电话，我们必须迅速地进行甄别、过滤、分流，作出判断，或马上处理，或延后安排；或由自己答复，或交有关部门或有关人员处理，或请上司出面……而这必须讲究技巧，否则会使工作陷于被动。

1. 纠缠电话

这类电话的来电人为了达到自己的目的，三番五次地来电话纠缠，容易令人心烦意乱，扰乱正常工作。面对这类电话，要不怒不躁，不被对方利用，同时也要礼貌地回绝，不留任何余地。

2. 匿名电话

有时，来电人既不愿报上姓名，也不愿说明来电动机，只一个劲儿要直接找上司。在没有弄清对方的身份和目的之前，不能随便回答上司在与否。无论哪种情况，首先要问清对方的单位、姓名、身份等，然后根据具体情况作进一步处理。

如果接到匿名打来反映有关情况的电话，要注意，先不要明确表态，也不要听风便是雨，到处乱说，而应向有关负责人反映。

3. 投诉电话

投诉电话往往会伴随着比较冲动的情绪和激愤的言辞，这时，不能针尖对麦芒，而应心平气和、冷静耐心地倾听，等对方发完火后，再诚恳地向其解释原因或提出建议，如"您购买的产品出现了问题，可以直接找我们的维修中心维修，地址是×××，电话号码是×××"。

4. 告急电话

若接到告急电话，或反映情况，或请求帮助，或请示解决的办法……这时，应沉着、冷静、细心、果断、迅速地予以处理，尽快弄清楚发生了什么事、在什么地方、什么人、严重程度等，如情况紧急又在自己职权范围内，要当机立断，马上提出防范措施或初步处理意见；如不能决定，应马上请示汇报，并协助有关部门即刻处理。

5. 推销电话

这类电话一般都是推销商利用公用电话号码簿提供的资料打来的，而且有的推销商还三番五次地打来。面对这种电话，要根据单位的规定，礼貌而明确地拒绝对方，不要过于模糊和婉转。

6. 错打电话

接到打错的电话时，不能只说"打错了"便"咔嚓"一声挂断电话，而应不失礼貌地说"您打错了，我这里是……"这也不失为宣传组织的一个好时机。

7. 恐吓电话

这类电话往往是来电人为了某种目的，采用威胁的办法提出各种条件，大多与经济利益有关。面对这种电话，要警惕而冷静地处理，巧妙运用语言与之周旋，同时利用设备保存好证据，及时向领导报告或报警。

8. 唠叨电话

这类电话的来电人往往爱在电话中说一些毫无意义的话题，如果一直听下去，既浪费时间，又可能耽误其他电话，还可能让来电人得寸进尺，没完没了。面对这类电话，最好的处理方法就是使用善意的谎言以尽快挂断电话。

拓展训练

1. 盛达公司的杨小姐是一位刚毕业的文秘类专业本科生，因为总经理秘书刘小姐即将升任公关部经理，所以，总经理安排杨小姐跟随刘小姐学习，有意让她接任刘小姐的位子。这一天，总经理正好有事出差，刘小姐也出外办事去了，杨小姐坐镇办公室。电话铃响了，下面是杨小姐与对方的一段对话。

来电者："是盛达公司吗?"

杨小姐："是的。"

来电者："你们老板在吗?"

杨小姐："他不在，有什么事跟我说吧。"

来电者："你们的乳胶手套多少钱一打?"

杨小姐："1.8 美元。"

来电者："1.6 美元卖不卖?"

杨小姐："不卖。"

杨小姐说完，就"啪"地一声挂上了电话。

仔细分析案例，杨小姐有哪些地方做得不妥?

2. 容成公司的吴秘书正埋头起草一份文件，电话铃响了，吴秘书拿起电话，听出对方声音，又是那位叫洪涛的推销员。第一次他来电时，吴秘书听着洪涛的自我介绍，判断出这不是经理正在等的电话，也不是紧急要事，就说："很抱歉，经理不在，请您留下姓名和联系方式，我会转达给经理的。"可对方非要找经理本人不可。挂断电话，吴秘书就此事向经理做了汇报。经理听后，告诉吴秘书，自己曾在一次会议上见过此人，印象不佳，不想与此人有生意上的来往。10 天前，洪涛又来了电话，吴秘书说："对不起，经理还是不在。我已将你的情况和要求转告了经理，目前他非常忙，还未考虑与你联系。"说完，主动地挂断了电话。

现在，洪涛第三次来电，吴秘书应该怎么办呢?

任务评价

评 价 项 目	评 价 要 点	权重	自评	师评
接打电话的礼仪	1. 时间的控制	10 分		
	2. 内容的选择	10 分		
	3. 挂电话的规范	10 分		
接打电话的要求	1. 规范	10 分		
	2. 礼貌	10 分		
	3. 简洁	10 分		
	4. 保密	10 分		
接打电话的技巧	1. 语言规范	10 分		
	2. 精神集中	10 分		
	3. 借助工具	10 分		
总分		100 分		

项目五
网络

项目描述

  当今社会，互联网、移动网都是不可缺少的沟通工具，网络沟通使人与人的交流更加便捷。人与人通过交流才能相互了解，关系才能进一步发展，涉及交际场合，处理问题时会更有分寸和掌握尺度，避免引起对方的不满或误解等。本项目主要介绍网络沟通的种类、形式及技巧。

项目情境

  一位上海顾客在小海的网店看中了一件衣服，经过讨价还价，小海占据优势，将价格稳住了。顾客以 100 元拍下衣服。没想到过了两天，顾客又来信息，说他发现衣服是残次品，要求退换。残次品退换的邮费是由卖方承担的，假如退换，公司就要出 30 元的邮递费，还有可能要收回一件坏衣服。小海知道出货时已经很细心检查过，衣服是没事的，所以不能确定衣服是不是真的坏了。他心想，如果选择让顾客拍照，说不定衣服上就真的多一个洞了。小海也知道这位上海顾客的心理，他其实只是想通过这样的方式逼小海变相减价。于是小海和这位顾客谈判，说服他留住衣服，可以按"打折价"给他。最后，小海和这位顾客说定，退回 20 元给他。

  网络是把双刃剑，我们生活在网络时代，未来的商务活动也必定离不开网络，如何利用网络优势，回避网络的缺陷，是我们每个人都应慎重对待的事情。

 项目分解

任务 10　网络沟通的种类、形式及技巧

任务 10　网络沟通的种类、形式及技巧

学习目标

技能目标

——能科学实施网络沟通技能。

——能正确利用网络开展沟通。

知识目标

——了解网络沟通的种类。

——了解网络沟通的形式。

 工作任务

有一次，一名中年妇女在羊皮堂看中了一款男士鞋子，小黄以会员积分等优惠吸引这位客人，但最后她仍然说要考虑一下。过了一段时间，一名中年男人在网络上询问同一双鞋子。但鞋子已缺货了。原来这是那位妇女的丈夫，这位先生得知后立即发飙，网络信息飞来："之前我老婆问了都有货，我正等着穿呢。"这时电话也响了，正是这位先生，电话里传来恶骂，"怎么搞的，你们店里这么少货，还有没有信用？　货少就不要开店啊"。接着又换老婆来骂，还威胁说要给差评和投诉。

小黄备受委屈，其实她明白顾客的心理，耍这些手段目的是想让客服减价补偿。听到夫妻俩轮番攻击，小黄一直忍着，几乎要哭了，但始终没有回骂过去，只是表示会尽快跟进。小黄清楚记得，这个单花了两天才做完。

小黄的经历告诉我们，线上消费与实体店消费是不同的两个概念，甚至有天壤之别。由于顾客消费心理及行为模式千差万别，又受到评价机制的制约，稍有不慎就可能给你的商务活动带来不利影响。

任务分析

倒退三十年，没有移动电话，更没有电脑之类的网络工具，无论是生意人士还是官僚人士，最多的是正面沟通，再者就是书信沟通，显然，这些都要占用大量的时间，可以想象当初效益的产出，是很珍贵和艰苦的。而如今，需要沟通时，一个电话或一个短信，再不然一封电子邮件或各种聊天工具就搞定。将过去与现今的沟通方式做个比较，用数字换算一下其时间和效率，当然现今的数字更为乐观。但是再便捷的沟通方式也要求我们掌握相应的沟通技巧。

工作步骤

以网络淘宝客服接待流程为例。

步骤 1　进门问好

进门问好，归结为一个字，就是"迎"。"迎"指的是迎接客户的艺术，良好的第一印象是成功沟通的基础，无论是售前还是售后服务，"迎"的失败都会影响到后续处理的结果。

步骤 2　接待咨询

迎接客户之后，要准备接待客户的咨询。为了更好地接待咨询，需要做一些工具方面的准备工作，比如对淘宝网络沟通工具"旺旺"功能的了解，或者是对"旺旺"进行特别的设置。一般来说，客服的回复速度决定了客户在店里能被留多久，建议默认设置为接入人数达到3~5个时使用自动回复。

步骤 3　推荐产品

推荐产品，可以归结为"说"和"问"。"说"就是向客户介绍产品，引发客户对产品的兴趣，并且根据他的反应调整推荐产品的方向。在这个过程中可以采用"关联商品推荐"的方法。

"问"在一定程度上是为"说"服务的，询问出真正的需求，才能有效进行针对性服务。在"问"的同时，应采取"三分问，七分听"，在"问"之后给出空间和余地让客户去思考和回答，从客户的阐述当中获取一些潜在的真实信息。当然，"问"的方式有两种：封闭式问题和开放式问题。在售中沟通的时候更适合采用封闭式问题，因为我们需要引导客户，根据经验给他一些简短的分析；而开放式问题更适合对自己的需求很模糊，只能提出问题而没办法给出结果的客户，所以这种方式比较适用于售后。

步骤 4　处理异议

在与客户沟通过程中，肯定会有意见不一致的情况发生。我们应在第一时间察觉到客户的心理变化，通过体察客户的期待心理、攀比心理、恐惧心理、好奇心理等，利用包邮、送赠品等策略和手段去满足客户的期望，进而与客户达成一致。

步骤 5 促成交易

认真体察客户是为了更好地销售产品，以最终成交为导向。建议用多种方式了解和体察客户，只有将心比心、换位思考，才能够正确地了解客户的潜台词。对客户的了解不一定要让他（她）知道，只要做出相应的措施即可。分析客户的最终目的还是要达成交易，注意最后关头要推他（她）一把。

步骤 6 确认订单

这个步骤很关键，许多问题的产生就是因为忽略了这一步骤。在客户付款后，需要确认选择什么快递、款式、颜色、尺码、地址、联系人、电话等信息。

步骤 7 礼貌告别

礼貌的告别能给客户良好的购物体验，增加客户对我们店铺的好感，提高客户的回头率。如："亲，感谢您的光临，以后多多光顾小店哈。祝您生活愉快！"

步骤 8 下单发货

客户付款之后，通知快递发货。当货物发出之后，可以用短信方式告知客户包裹已经发出，此举也能增加客户对店铺的好感度。

知识平台

一、认识网络沟通

信息沟通是人与人之间思想、感情、观念、态度的交流过程，是情报相互交换的过程。网络沟通是指通过基于信息技术（IT）的计算机网络来实现的信息沟通活动。

二、网络沟通的形式

1. 电子邮件

电子邮件（electronic mail，简称 E-mail，标志：@ ）又称电子信箱，是一种利用信息技术进行信息交换的通信方式。电子邮件是 Internet 应用最广的服务，通过网络的电子邮件系统，用户可以用非常低廉的价格（不管发送到哪里，都只需负担电话费和网费即可），以非常快速的方式（几秒钟之内可以发送到世界上任何你指定的目的地），与世界上任何一个角落的网络用户联系，这些电子邮件可以是文字、图像、声音等各种形式。同时，用户可以得到大量免费的新闻、专题邮件，并实现轻松的信息搜索。这是任何传统的方式也无法相比的。正是由于电子邮件使用简易、实时接收、收费低廉、易于保存、全球畅通无阻，使得电子邮件被广泛地应用，它使人们的交流方式得到了极大的改变。另外，电子邮件还可以进行一对多的邮件传递，同一邮件可以一次性发送给许多人。最重要的是，电子邮件的数据实时发送，接收方几乎在发送的同时就能收到，所以极大地满足了大量、实时通信的需求。

 相关链接

中国第一封电子邮件

1987 年 9 月 20 日，中国第一封电子邮件由"德国互联网之父"维纳·措恩与王运丰在北京的计算机应用技术研究所发往德国卡尔斯鲁厄大学，其内容为英文，大意如下：

Across the Great Wall we can reach every corner in the world.

中文大意：跨越长城，走向世界。

这是中国通过北京与德国卡尔斯鲁厄大学之间的网络连接，向全球科学网发出的第一封电子邮件。

2. 网络电话

网络电话（IP；Internet Phone）的系统软件运用独特的编程技术，具有强大的 IP 寻址功能，可穿透一切私网和层层防火墙。无论是在公司的局域网内，还是在学校或网吧的防火墙背后，均可使用网络电话，实现电脑—电脑的自如交流，无论身处何地，双方通话时完全免费；也可通过电脑拨打全国的固定电话和手机，语音清晰、流畅，与平时打电话完全一样，输入对方区号和电话号码即可，享受 IP 电话的最低资费标准。

3. 网络传真

网络传真也称电子传真（efax），是传统电信线路（PSTN）与软交换技术（NGN）的融合，无须购买任何硬件（传真机、耗材）及软件的高科技传真通信产品。网络传真整合了电话网、智能网和互联网技术，原理是通过互联网将文件传送到传真服务器上，由服务器转换成传真机接收的通用图形格式后，再通过 PSTN 发送到全球各地的普通传真机或任意电子传真号码上。

4. 网络新闻

网络新闻突破传统的新闻传播概念，在视、听、感方面给受众全新的体验。它将无序化的新闻进行有序的整合，并且大大压缩了信息的厚度，让人们在最短的时间内获得最有效的新闻信息。网络新闻的发布可省去平面媒体的印刷、出版，电视媒体的信号传输、采集声音图像等。

5. 即时通信

即时通信（IM）是指能够即时发送和接收互联网消息等的业务。自 1996 年面世以来，特别是近几年发展迅速，即时通信的功能日益丰富，逐渐集成了微信、QQ、email、blogger/blogs/twitter、电视、游戏和搜索引擎等多种形式。即时通信不再是一个单纯的聊天工具，它已经发展成集交流、资讯、娱乐、搜索、电子商务、办公协作和企业客户服务等形式多样的综合性信息平台。

拓展训练

在电子网络实训室，每位同学在规定的时间内申请一个免费邮箱，以同桌为一组互相告知，然后给你的同桌发一封邮件，再接收对方的邮件。

任务评价

评 价 项 目	评 价 要 点	权重	自评	师评
察	1. 反应速度	10 分		
	2. 正确性	10 分		
	3. 应对	10 分		
问	1. 选择时机	10 分		
	2. 选择方式	10 分		
	3. 选择倾听	10 分		
沟通过程	1. 语言规范	10 分		
	2. 精神集中	10 分		
	3. 工具的正确使用	20 分		
总分		100 分		

模块三
商务组织内部沟通

商务组织内部沟通与一般意义上的沟通的区别主要在于，商务组织内部沟通的特定情境是工作场所，所以它既具备一般人际沟通的特点，又是工作任务和要求的体现。商务组织内部沟通具有明确的目的，通过影响组织中每个人、每个部门的行为，使之符合组织的整体目标要求，并最终实现组织目标。商务组织内部沟通是按照预先设定的方式，沿着既定的轨道、方向、顺序进行，作为管理的一种日常活动而发生的。由于商务组织内部沟通是商务组织实施管理的主要部分，因此，组织对信息传递者具有一定的约束和规范。

本模块主要学习内容如下：

（1）了解商务组织内部沟通的含义与作用。

（2）掌握商务组织内部沟通的方式、障碍及解决方法。

（3）提升商务组织上行、横向、下行沟通的技能。

（4）熟悉商务组织内部沟通的环境。

（5）沟通主体的自我能力提高。

（6）揣摩上行沟通的技巧，并不断提高。

（7）摸索下行沟通的技巧，并不断提高。

（8）持之以恒，真正达到在组织内部沟通中游刃有余。

项目一
内部沟通概述

 项目描述

　　组织内部沟通的作用是促进组织行动，即按照有利于组织目标高效实现的方向左右组织成员的行动。主要表现为：第一，传递组织信息，控制内部成员行为；第二，征求成员意见，促进决策合理有效；第三，统一组织行动，激励成员改善绩效；第四，逐步沉淀积累，塑造企业独特文化。组织内部沟通的效率直接决定公司的办公效率，从而影响公司的经济效益。畅通、有效的内部沟通是企业良性发展的原动力，因此，构建健康的内部沟通环境，是企业不断追求的目标和良性发展的保障。

 项目情境

　　研发部梁经理才进公司不到一年，工作表现颇受主管赞赏，不管是专业能力还是管理绩效，都获得了大家的肯定。在他的缜密规划之下，研发部一些延宕已久的项目都在积极推进当中。

　　部门主管李副总发现，梁经理到研发部以来，几乎每天加班，梁经理电子邮件的发送时间经常是前一天晚上 10 点多，甚至是当天早上 7 点多。下班时，梁经理总是研发部最晚离开的一个，上班时又第一个到。但是，即使在工作量吃紧的时候，其他同事似乎都准时走，很少跟他留下来加班，平常也难得见到梁经理与他的部属或是同级主管进行沟通。

李副总好奇梁经理怎么和其他同事、部属沟通工作，便开始观察他的沟通方式。原来，梁经理都是以电子邮件交代工作。除非必要，他的属下也都是以电子邮件回复工作进度及提出问题，极少找他当面报告或讨论。对其他同事也是如此。电子邮件似乎被梁经理当作和同仁们合作的最佳沟通工具。

但是，大家似乎对梁经理这样的沟通方式反应不佳。李副总发觉，梁经理的部属对部门缺少向心力，除了不配合加班，还只执行交办的工作，不太主动提出企划或问题。而其他各部主管，也不会像梁经理刚到研发部时，主动到他房间聊聊，大家见了面，只是客气地点个头。开会时的讨论，也都是公事公办的味道居多。

这天，李副总刚好经过梁经理办公室门口，听到他打电话，讨论内容似乎和陈经理业务范围有关。他到陈经理那里，刚好陈经理也在讲电话。李副总听到谈话内容，确定是两位经理在谈话。之后，他找了陈经理，问他怎么一回事，明明两个主管的办公室就在隔邻，为什么不直接走过去说说，竟然是用电话谈。

陈经理笑答，这个电话是梁经理打来的，梁经理似乎比较希望用电话讨论工作，而不是当面沟通。陈经理曾试着要在梁经理办公室谈，而不是电话沟通。梁经理不是用最短时间结束谈话，就是眼睛一直盯着计算机屏幕，让他不得不赶紧离开。陈经理说，几次以后，他也宁愿用电话的方式沟通，免得让别人觉得自己过于热情。

了解了这些情形后，李副总找了梁经理聊聊，梁经理觉得，效率应该是最需要追求的目标，所以他希望用最节省时间的方式，达到工作要求。李副总以过来人的经验告诉梁经理，工作效率重要，但良好的沟通绝对会让工作推进顺畅许多。

梁经理是否应该接受李副总的建议？ 如果接受了，请你给梁经理设计一个有效的沟通模式。

 项目分解

任务 11　组织内部沟通的方式、障碍及其解决方法

任务 11 组织内部沟通的方式、障碍及其解决方法

085

学习目标

技能目标

——掌握组织内部沟通的策略和技巧。

知识目标

——了解组织内部沟通的含义和作用。

——识别组织内部沟通的类型和沟通障碍。

工作任务

公司员工小张觉得主管不信任他，安排的工作总是时时处处督促，显得婆婆妈妈，很让人烦恼。于是，他找老员工老王请教。

老王说："人都是首先相信自己，其次才能相信别人。你也一样，首先相信你自己，相信凭你的能力，能搞好工作。但你的上司相信自己也没有错，所以他对你的工作问得仔细一点，这是正常的。他信自己没有问题，你作为下属，盲目地相信自己就有问题了，毕竟他是主管，要为公司负责呀，出了问题你的责任大，还是他的责任大，这个问题你想过没有？"

老王接着说："再说，他为什么要相信你，你凭什么被别人相信？ 他相信你，谁相信他？ 等你坐到了那个位置就知道了，你们部门出了问题就是他出了问题，老板不会骂你，只会骂他，他的压力比你们都大，你没有没站在他的角度想想？"

小张在低着头："你说得有道理，他是主管，为部门负责。"

"所以对我们员工来说，关键是要争取到他的信任。"

小张："那我应该怎么做？ 我现在一点头绪都没有，头发懵。"

老王慢慢喝了口茶，说："我的经验很简单，就是一句话，从自己做起，提升自我价值。要让你的上司满意，你给他的要超过他的期望，刚开始他不信任，但你的成果每次都超过他的期望，他还会不信任吗？ 其实他没有太多的时间关注细节的。"小张如释重负地笑了。

思考：老王与小张的沟通成功因素有哪些？

任务分析

　　沟通是一个互动的过程，实现有效沟通需要沟通双方共同努力。在工作中，组织内部人员若是能够以真诚的态度，本着相互尊重的原则，设身处地为对方着想，就一定能起到良好的沟通作用。

工作步骤

步骤 1　学会组织内部与人相处的法则

（1）尊重个体差异　"对人讲人话，对鬼讲鬼话"。这句话是人际沟通的诀窍之一，是人际沟通的最高境界，对待不同的人要用不同的方法。

（2）要了解对方的需求　沟通过程中，当了解了对方的需求之后，与他的沟通会更为顺畅。

（3）懂得激励别人　沟通也是一种激励的方式。

（4）积极做人处事　是指心态要积极，心态积极的人，跟别人沟通会比较顺畅。

（5）保持参与互动　多跟别人交流。

步骤 2　清楚认识组织内部沟通中的个性差异

人是社会沟通的主体，个性特征差异引起的沟通障碍影响很大。个体的性格、气质、态度、情绪、兴趣等方面的差别，都会成为信息沟通的障碍。所谓"物以类聚，人以群分"，不同性格的人在沟通中可能会出现分歧，不利于沟通的加深。

步骤 3　减少知识与经验水平的差距所导致的障碍

在信息沟通中，双方往往依据经验上的大体理解去处理信息，如果双方经验水平和知识水平差距过大，会使彼此理解的差距拉大，形成沟通的障碍。

步骤 4　调整态度、观点和信念不同所造成的障碍

一是认识差异。在管理活动中，不少员工和管理者经常会忽视信息的作用，这就为正常的信息沟通造成了很大的障碍。

二是利益观念。在团体中，不同的成员对信息有不同的看法，所选择的侧重点也不相同。许多员工只关心与他们的物质利益有关的信息，而不关心组织目标、管理决策等方面的信息，这也造成了信息沟通的障碍。

步骤 5　认识语言表达、交流和理解能力、记忆不佳所引起的障碍

不同的人对于同样的信息的理解是不一样的。组织中的成员有不同的背景、不同的说话

方式和风格，对同样的事物也有着不同的理解与认知，容易导致信息传递的障碍。

步骤6 查找因互不信任和沟通者的畏惧感所产生的障碍

沟通双方的相互不信任会使得信息传递出现偏差或者延迟信息的传递。管理实践中，信息沟通的成败主要取决于上级与上级、领导与员工之间的全面有效的合作。但在很多情况下，这些合作往往会因下属的恐惧心理及沟通双方的个人心理品质而形成障碍。

步骤7 规避物理、语义障碍

努力在生活中规避物理及语义障碍，从而提高沟通的效率和效果。

物理障碍是人们所处的沟通环境中存在的障碍。典型的物理沟通障碍包括沟通渠道障碍和距离障碍。

语义障碍主要源于人们用于沟通的符号。信息沟通的符号多种多样，如语言、文字（包括图像）、体态语言，这些符号通常有多种含义。

步骤8 学会克服沟通障碍，不断提高沟通技巧

简明扼要地表达信息，用多种手段来传递信息、鼓励对话，确保清晰地报告，缩短沟通链，克服沟通障碍。

一个成功的沟通者都是一点点积累，在工作中不断碰撞磨炼出来的，尊重沟通对象、学会倾听，是提高沟通效率的两大法宝。

知识平台

一、化解沟通障碍的方法

1. 提高沟通的准确性

准确是沟通成功的前提，如果沟通的结果是失败，那发生沟通比不沟通更糟糕。如果已经产生了误解，那重建良好沟通的过程往往十分困难。要提高沟通的准确性，一方面要提高沟通主体描述事物的能力。信息的发送者描述出了事物所具有的本质特征，接收者才能更好地接收信息，以达到预期的沟通效果。研究表明，通过讲故事、复述故事等方式可以很好地锻炼描述事物的能力，提高沟通的准确性。另一方面是所使用的一切非语词沟通方式，都必须具有明确的概念，并且对他人是否也会同样理解某种非语词信息保持清楚的认识，这样在不同的文化背景下，人们才能够

更好地沟通。

2. 沟通的同理心定向

同理心是站在对方的角度和位置，客观地理解对方的真实看法和内在感受，并且基于这种理解来进行沟通，同时将自己的同理心传达给对方。同理心的核心是真正理解对方的观点和情感，要实现这一点必须对对方有发自内心的兴趣和重视。当我们站在对方的立场上思考问题并进行交流的时候，沟通的效果就会更好。

3. 首因效应

在与他人的交往中，第一印象往往非常重要。首因效应在很长一段时间内影响着人们对某一对象后续行为特征的理解，因此，建立良好的第一印象，使后续的沟通有良性的定向具有重要意义。

4. 改善身体语言的沟通

一方面要了解他人的身体语言，这对于提高沟通的有效性和可信度有着非常重要的作用；另一方面要恰当运用自己的身体语言来加强自己表达的意思，以促进他人的了解。当我们与不同民族或语言交流有困难的人进行沟通时，肢体语言就能够起到很好的诠释作用。

二、组织内部沟通的重要性

人作为社会人，与他人的沟通非常重要。人际沟通涉及心理、社会和决策，和我们的生活息息相关。

1. 满足社会需要

心理学认为人是一种社会的动物，人与他人相处就像需要食物、水、住所等一样重要。如果人与他人失去了相处的机会与接触方式，大都会产生一些症状，如产生幻觉，丧失运动机能，变得心理失调。

2. 加强自我肯定，自我概念形成

通过沟通，我们能够探索自我及肯定自我。很多时候我们是通过沟通从别人口中得知自己有什么专长与特质。与他人沟通后所得的互动结果，往往是自我肯定的来源，人都想被肯定，受重视，从互动中可以获得部分答案。没有沟通就没有自我的形成，没有沟通就没有同一性的建立，没有沟通就没有自我概念和自我价值感的维持。

3. 社会功能

沟通是观念、思想、情感的交换过程。人的一生是有限的，他所获得的直接经验就是一定的，要想获得更多就必须获取间接经验。就像英国作家萧伯纳所说，"假如你有一个苹果，我有一个苹果，那么彼此交换后，我们每个人都只有一个苹果。但是，如果你有一种思想，我有一种思想，那么彼此交换后，我们每个人都有两种思想。甚至两种思想发生碰撞，还可以产生出两种思想之外的其他思想"。同时，沟通是人与人建立和维持联系的方式。正如一位哲学家所说，"快乐与他人分享，快乐增加一倍；而痛苦与他人分担，痛苦减轻一半"。

4. 决策功能

人类无时无刻不在做决策，不论是接下来是否要去看电视，还是今天要穿哪一套衣服，或者是否该给对方一个微笑，都是在做决策。有时依靠自己就能决定，有时却需要和别人商量后一起做出决定。而沟通满足了决策过程中两个功能，一是沟通促进信息交换，二是沟通影响他人。而正确和适时的信息是做有效决策之钥。有时是经由自己的观察，从阅读或传播媒体得来的信息，但也有时是经由与他人沟通而获得的许多信息。沟通可以影响他人的决策，如和朋友去买衣服，他的询问意见与你的传达意见之间的互动就可能会影响到结果。

三、沟通的过程

沟通是一个双向的交流信息、情感和思想的过程。这个过程要能达到双方都满意的结果，涉及七要素，包括信息的发送者、信息的接收者、信息的内容、信息的传递手段、沟通双方的参照系、信息的反馈及噪音（图3-1）。对这一过程必须有清楚的了解，才能对沟通的本质有准确的把握。

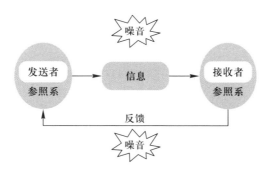

图3-1　沟通的过程与要素

相关链接

沟通的操作步骤

（1）发送者向接收者讲话或以其他方式发出信息。

（2）发送者同时细心观察接收者的表情、姿势及其他动作，以判断其理解程度。

（3）接收者除了注意接收发送者的语言信息外，还必须注意他的表情、姿势及其他动作，以便接收完整的信息。

（4）接收者向发送者表达自己的理解程度。

（5）如果接收者还不能完全理解，发送者应该重申刚刚沟通的内容。

（6）如果接收者已经理解，发送者就可以继续刚才的话题，或转换话题，或终止沟通。

拓展训练

记录每天工作中用于交谈、书写信函与材料、做报告等沟通活动的时间长度、对象、采用的方式等。至少连续记录一个星期不间断。

对以上记录进行统计和分析。

① 沟通活动时间占用全部工作时间的比例是多少？

② 主要的沟通对象是谁？为什么？

③ 自己最常使用的沟通方式是什么？

④ 使用各种方式时，哪些比较顺畅，哪些还有困难？

⑤ 每次沟通有没有达到预期的目的？

⑥ 与人沟通的过程中是否存在问题？若有，应该如何改进？

任务评价

评 价 项 目	评 价 要 点	权重	自评	师评
化解沟通 障碍的办法	1. 沟通的准确性	10 分		
	2. 沟通的同理心定向	10 分		
	3. 首因效应	10 分		
	4. 改善身体语言	10 分		
组织内部 沟通的功能	1. 了解人际沟通心理功能	10 分		
	2. 了解人际沟通社会功能	10 分		
	3. 了解人际沟通决策功能	10 分		
沟通过程	1. 准确发送信息	10 分		
	2. 注意信息的双向反馈	10 分		
	3. 做好信息接收者	10 分		
总分		100 分		

项目二
内部沟通的类型及技巧

 项目描述

  在当今企业中，内部人员的沟通已经成为企业的重中之重。组织内部沟通主要包括组织内部人员之间的上行、横向和下行沟通。企业内部人员良好的沟通不仅能够节省办公时间，提高工作效率，更好地为客户服务，而且能够为企业决策服务，将信息化覆盖到企业的战略、目标、绩效、合同、客户、项目等层面，提供数据分析，为决策提供依据。同时，组织内部人员沟通良好也会使企业有一个良好的工作氛围，让内部人员有一个愉悦的心情，从而更好地进行工作，进而也可以降低组织的人员流失率，留住人才更好地为企业发展服务。

 项目情境

  张丹峰刚刚从名校管理学硕士毕业，出任某大型企业的制造部门经理。张丹峰一上任，就对制造部门展开改造。他发现生产现场的数据很难及时反馈上来，于是决定从生产报表上开始改造。借鉴跨国公司的生产报表，张丹峰设计了一份非常完美的生产报表，从报表中可以看出生产中的任何一个细节。

  每天早上，所有的生产数据都会及时地放在张丹峰的桌子上，张丹峰很高兴，认为他拿到了生产的第一手数据。没过几天，制造部门出现了一次大的品质事故，但报表上根本没有反映出来，张丹峰这才知道，报表的数据都是随意填写上去的。

为了这件事情，张丹峰多次开会强调，认真填写报表的重要性，但每次开会，只在开始几天可以起到一定的效果，过不了几天又回到原来的状态。张丹峰怎么也想不通。

站在工人的角度去思考，虽然张丹峰不断强调，认真填写生产报表有利于改善生产，但这距离他们较远，大多数工人认为这和他们没有多少关系。

后来，张丹峰将生产报表与业绩奖金挂钩，并要求干部经常检查，工人们才开始认真填写报表。

在沟通中，不要简单地认为所有人都和自己的认识、看法、高度是一致的。对待不同的人，要采取不同的模式，要用他人听得懂的"语言"与其沟通！

 项目分解

任务12　与上级沟通的技巧

任务13　与同级沟通的技巧

任务14　与下属沟通的技巧

任务12　与上级沟通的技巧

学习目标

技能目标

——掌握与上级沟通的技巧。

——学会适当地赞美。

知识目标

——了解管理者的类型。

——了解与上级沟通可能存在的障碍。

工作任务

2019 年 12 月，作为分管公司生产经营的副总经理小李，得知一个较大的工程项目即将进行招标，以电话形式向总经理简单汇报未能得到明确答复，使小李误以为是默认允许，在情急之下便组织业务小组投入相关时间和经费跟踪该项目，最终因准备不充分而成为泡影。事后，在总经理办公会上陈述有关情况时，总经理认为小李"汇报不详，擅自决策，组织资源运用不当"，并当着各部门领导的面给予小李严厉批评，小李反驳，认为是"已经汇报、领导重视不够、故意刁难，是由于责任逃避所致"。双方都认为错在对方。

这实际上是一个上下级没有有效沟通的典型案例。可以看出，双方在信息传递、角色定位、有效沟通、团队配合、认知角度等多方面存在意见分歧，致使企业内部人际关系紧张、工作被动，恶性循环，最终导致公司业务难以稳定发展。

 任务分析

一次失败的交流给人们心灵和组织带来的是巨大的伤害和损失，而有效的交流沟通可以实现信息的准确传递，与他人建立良好的人际关系，达到借助外界力量和信息解决问题的目的。因此，组织成员在工作中必须掌握好有效的沟通技巧和沟通策略，以适应不同的对象和不同的情境，为企业发展续写新生。

上述案例中，小李忽略了信息组织原则，忽视了正确定位原则，没有运用好沟通管道，缺少组织团队意识；总经理缺乏倾听，缺少对下属的理解和信任，缺少建立有效团队的技巧。

工作步骤

步骤 1　学会发现自身问题

善于发现问题是一个员工在沟通过程中成长的第一步。不能发现问题，就只能原地踏步，不会有任何提高。任何一个企业的管理者或普通员工在工作中都要及时地发现自身存在的问题。不能及时发现问题的管理者不会成为员工所敬佩的管理者，同样，不能发现问题的员工也不会被管理者欣赏，更不会在沟通中取得进步。

步骤 2　多帮上司着想

工作主要是为了自己。但是不能狭义地将"为自己"理解为为了工资而工作。只有变换考虑问题的角度，多为公司、为老板着想，自己的职业前途才更光明，才能真正达到"为自己"的最佳效果。当接到一项任务，你用心去做了，也能为上司着想，但有时仍不能满足上司的要求，其原因大多是你对上司缺乏必要的了解。想要熟悉上司的性格，应该主动与他多接触，多谈话，要克服因上司威仪而造成的心理屏障和自己无可避免的自卑感。

步骤 3　明确上司对你的期望

在职场中，每个人都希望在上司眼中留有一个好的印象和表现，从而获得更多的机会。或许我们每个人都在关注业绩指标，这当然没错，问题在于上司要求的往往不仅是这些。我们不可能保证自己的业绩始终保持在一个较高的水平线上，总是会遇到各种各样的问题，所以上司真正需要的是员工解决问题的能力和与自己正确沟通协商的能力，从而确保双方对出现的问题和即将出现的问题有所了解和准备，保证部门始终走在一个平稳发展的道路上。

步骤 4　确保工作中多做汇报

报告是建立上下级关系的基础，工作进行之中不断地提出报告，其实也是与上司沟通的机会。重要的事情应告知上司，不是权责范围内的事情在做之前也要汇报。需要分清楚的三类事情：第一类，做了也不用汇报；第二类，做了要汇报；第三类，先汇报再做。

步骤 5　多称赞上司

职场最"稀罕"那些会说话、会办事的人，话说得好听，说得到位，领导便易于接受你提出的条件和要求，否则即便是一件简单的事情，也容易办砸。所以，要学会说赞美的话。赞誉之词人人都渴求，人人都需要。称赞上司也讲究方法和技巧，如果称赞上司不恰当，反而会弄巧成拙，落下一个"溜须拍马"的坏印象。

步骤 6　巧妙接受上司的批评

一个合格的员工，在受到上司责骂时，应该尽可能地保持谦逊的姿势，虚心的神情，同时眼神不可随意飘动，要表现出对上司批评的专注，不要让他以为你心不在焉或是不甚服

特别提醒

（1）语言要正确　赞扬上司尽量使用"中性"词，切不可滥用形容词和副词。态度要诚恳，要出于真心。如果开口"最、最、最"，闭口"很、很、很"，不免使上司感到你言过其实，而且感到你比较虚浮，言不由衷。

（2）方法要正确　当面赞扬，如上司刚做完报告，他主动询问你对报告的印象。那你就可以使用恰当的语言，实事求是地进行直接赞扬，切不要以"还可以""凑合"之类的话应付了事。间接赞扬，也包括在对上司当面赞扬时采用迂回的方法进行赞扬。

（3）内容要正确　赞扬上司时，关键是赞扬上司真正在乎的事情。上司不在乎的事情，你喋喋不休地赞扬，难免遭人讨厌。

（4）要注意场合　在上司的亲属面前赞扬要抓住他们的共同点。在领导的上级面前要慎重称赞自己的领导，切莫将是非掺杂进去，弄巧成拙。在交际场合，称赞上司的语言要简练，要起到"推销"上司的作用。

气。下属能完全接受教训、理解上司的苦心，且积极地谋求改善，还对教训心存感激。这对上司而言，是再高兴不过的事了。这样，即使你真的做错事情，上司也会觉得你是可以原谅的。因为在这一瞬间，上司深切地感受到他的价值，并且获得指导他人的成就感和满足感。

知识平台

一、如何对上司说"不"

一名不对上司说"不"的人不可能成为优秀的员工。对上司每说一次正确的"不"，你晋升的台阶便上升一步；对上司每说一次错误的"不"，你晋升的台阶便退后一步。最优秀的向上沟通是想办法将自己的看法变成上司的看法。对上司说"不"前一定要深思熟虑，力求正确。上司即使暂不采纳你正确的意见也会对你欣赏有加。即使自己的正确意见被采纳，获得了成功，也要把功劳标在上司的头上，而不是放在自己头上。要理解上司，有时在你的局部范围内正确的想法和做法到了上司的全局范围内，可能会变为不正确。

二、组织中管理者的风格

（1）指令式的管理风格　由管理者来指定下属或团队的具体工作，做什么，如何做，何时做，在何处做，做到什么程度，事无巨细，无微不至（称为高职责行为）。其管理行为模式为"我来决定，你来做"，使用的管理工具是告知、指示、指导和建立。

（2）教练式的管理风格　在具有指令式特征的同时，管理者与下属之间采取双向或多向的沟通、倾听、辅导、澄清和激励（称为高支持行为）。其管理行为模式为"我们探讨，我来决定"，使用的管理工具是推销、解释、澄清和说服。

（3）团队式的管理风格　管理者给下属以大致说明，并与下属一同展开工作，注意倾听下属的意见与感受，激励下属积极地参与。其管理行为模式为"我们探讨，我们决定"，使用的管理工具是参与、鼓励、合作和承诺。

（4）授权式的管理风格　管理者在充分相信下属的前提下，给予下属充分的授权，在管理过程中更多地使用高支持（关系）行为。其管理行为模式为"你来决定，你来做"。

相关链接

与不同管理风格上级的沟通方式

1. 与指令型上级沟通

沟通时，应该开门见山、直切主题、简洁明确；要使对方觉得自己有耐心，做事低调；要尽量避免与其发生争执，在必要的时候一定要学会道歉；最好能够让对方感觉到你承认他是天生的领导者，表示支持他的意愿和目标。但是，在与这类上级沟通时要注意一点，一定要坚持双向沟通。因为指令型上级顾名思义就是喜欢支配别人，所以在与其沟通的时候，我们要尽量避免被其完全支配，一定要有自己的想法和主见，达到双向沟通。

2. 与教练型上级沟通

沟通时，要学会聆听，少说多听，并关注对方的兴趣，对他们的观点、看法甚至梦想表示支持；要学会宽容对方有时说话不经大脑，容忍离经叛道、新奇的行为；要保持热情随和、潇洒大方。

3. 与团队型上级沟通

沟通时，需要采取直接的推动方式，主动表示对他们情感的关注；不要急于获得信任，有不同的看法和意见时，要从感情角度去与其沟通，并且要放慢节奏、从拘礼节；同时，积极地听，鼓励他们说，促使他们做决定。

4. 与授权型上级沟通

沟通时，应该关注其积极的一面，同时放宽对他的要求；在遇事与其商量时，应尽量提出周到、有条不紊的办法，让自己表现得更细致、更精确、更理智，这样一般比较容易得到这类上级的信赖，使沟通更加顺畅。另外，要注意的是，在平时应该建立守信、重诺、务实的形象，遵循规章制度，不要越轨。最后，因为授权型上级一般比较注重细节，所以，在与其打交道时注意整洁是非常必要的。

拓展训练

1. 有一个大学生张明，毕业后分到 A 市一个政府部门做公务员，工作很努力，但一直没有机会提升。有一天，这个张明在高速公路上开车，发现前面有辆车抛锚了，两个中年人正在满头大汗地修车。他把车靠边，过去询问要不要帮忙。两位中年人是当地的市长和市委书记，招手很多车都没人帮忙，见大学生这么热心，就问他的单位和名字。这件事过后不到半个月，一纸调令就将大学生升为了科长。请分析张明升职的原因，作为学生，你认为该如何将帮助别人变成一种习惯？

2. 情景剧演练。

（1）你的同事小李和小贾原来相处比较融洽，但最近由于一些矛盾，慢慢变成了冤家，请你调和他们之间的矛盾，让他们化干戈为玉帛。

（2）你的同桌最近对班主任意见很大，经常在班级内部捣蛋，如果你是班长，该如何解决这个问题？

任务评价

评 价 项 目	评 价 要 点	权重	自评	师评
知识检测	1. 管理者的类型	10分		
	2. 与不同风格管理者的沟通方式	10分		
	3. 向上级说"不"的方式	10分		
提高与上级沟通的技巧	1. 选择时机	10分		
	2. 选择环境	10分		
	3. 选择方式	10分		
	4. 选择倾听	10分		
沟通规范	1. 语言规范	10分		
	2. 精神集中	10分		
	3. 借助工具	10分		
总分		100分		

任务13 与同级沟通的技巧

学习目标

技能目标
——学会与同级之间的沟通技能。
——同级之间沟通技巧的运用。

知识目标
——了解同级沟通方式。
——理解同级沟通的特点。

工作任务

　　小贾是公司销售部的一名员工，为人比较随和，不喜争执，和同事的关系处得都比较好。但是，前一段时间，不知道为什么，同一部门的小李处处和他过不去，有时候还故意在别人面前指桑骂槐，跟他合作的工作任务也都有意让小贾做得多，甚至还抢了小贾好几个老客户。

　　起初，小贾觉得都是同事，没什么大不了的，忍一忍就算了。但是，看到小李如此嚣张，小贾一赌气，告到了经理那儿。经理把小李批评了一通，从此，小贾和小李成了绝对的冤家。

　　本来，同一个部门的员工在日常工作中是紧密合作的关系，互帮互助是实现团队目标，进而实现个人价值的基础。如果不掌握同级沟通的技巧，就有可能导致案例中的不利结果。

 任务分析

　　同级之间的沟通是公司平稳发展、内部关系融洽最基本的手段，上述案例中，小贾、部门主管、小李三人犯了一个共同的错误，那就是没有坚持"对事不对人"，而且，主管做事过于草率，没有起到应有的调节作用，他的一番批评反而加剧了贾、李二人之间的矛盾。如果你是小贾，应该如何解决？

工作步骤

步骤 1　解铃还须系铃人

在当今同事关系日趋复杂，利益关系趋于明显的现实环境下，遇到不和谐的同事关系，应及时寻找问题的根源，而不应忽视问题或一味退让，要尽早从根源上解决问题，消除顾虑。

步骤 2　寻找合适的沟通时机

沟通时机特别重要，合适的沟通时机可以达到事半功倍的效果。如果矛盾已经产生，裂缝已经出现，再进行沟通，已然不存在合适的时机。这时应该采取积极的沟通方式，延误时机会让更多的意外发生。

步骤 3　积极主动与同事沟通

积极沟通表明自己的态度，并向对方展现自己的诚意，真诚地倾听对方的想法，并能准确地表达自己的观点，消除彼此的隔阂和矛盾发生的原因。

步骤4 设身处地，为对方着想

矛盾处理后要吸取教训，在今后的同事相处中，能够更多地换位思考，站在别人的立场上考虑问题，不要只考虑自己，这样，在沟通中可以尽量避免矛盾产生，并能获得更多好感，建立起和谐的人际关系圈。

步骤5 彼此尊重，从自己做起

学会欣赏和接纳别人的长处和优点，允许别人有超越自己的地方；不背后议论，不做损害他人人格的事情，不取笑和歧视他人的缺陷和缺点。尊重他人可以更好地认识自己，得到别人的善意提醒，改正错误。

步骤6 知己知彼，创造和谐的氛围

工作氛围就是组织的内部气氛，是内部成员在特定环境下工作的综合心理或认知程度，体现了成员对组织的普遍性态度及相应的情感反应，是构成组织文化的基本要素。换而言之，工作氛围就是一个组织的人文环境，具体表现为一个组织支持什么、倡导什么、反对什么、期望什么，影响着组织内部成员的动机、态度、信念和价值观。

知识平台

一、认识同级沟通

沟通合作时，要表现出对人对事积极的态度、认真投入的精神，如果我们对合作的建议、反馈的意见表现得轻描淡写或无动于衷，他人自然会认为你工作清闲、缺乏协作、没有成果。

 相关链接

同事之间相互沟通的技巧

1. 人格塑造

在沟通理念中，人格的培养是提高沟通效果的基础，也是人际关系中的关键因素，要把做人放在第一位。人品好的同事，人们就愿意与其交往，本身就产生了一种吸引力、向心力，利于合作共事。

付出爱心、乐于助人是塑造人格的重要人际行为，要记住一条真理："帮助别人就是帮

助自己"，逐步形成自己做人的信条。大量案例研究表明，每一次付出，自身人格魅力就会增加一个光点，不断地付出，点点滴滴的光点就会连接起来形成一个"自身人格光环"。那么，你在人们心目中成了值得交往的人，你所获得的也是你意想不到的结果。

有一句话，要记住："我能为您做点什么？"这是建立良好人际关系的奥秘。

2. 坦诚相见

坦率和真诚是良好人际关系的重要因素。对待自己的同事，能够不存疑虑，坦诚相见，是同事之间相互信赖的法宝。

3. 赞美欣赏

能够看到同事身上的优点，并及时给予赞美、肯定，对一些不足，积极给予鼓励，这是良好沟通的基础。不要背后议论你的同事，要常常做"送人鲜花的人"，和颜悦色，是人际交往的需要。

4. 少争多让

不要和同事争什么荣誉，这是最伤害人的。帮助同事获得荣誉，他会感激你的功绩和大度，更重要的是增添了你的人格魅力。要远离争论，对一些非原则性的问题，切忌去争什么你输我赢，否则，其结果只能使双方受到伤害，百害而无一利。

5. 善于倾听

善于倾听是增加亲和力的重要因素。当同事因为家庭、生活、工作出现麻烦而心情不愉快时，向你倾诉，一定要认真倾听，将自己的情感融入，成为同事最真诚的倾听者，这样会加深同事之间的情感。

6. 容忍异己

容许他人有自己独立的思维和行为方式，不要妄图改变他人，要认识到改变只能靠他自己，劝其改变是徒劳的。

7. 巧用语言

沟通中的语言至关重要，应以不伤害他人为原则，要用委婉的语言，不用直言伤害的语言；要用鼓励的语言，不用斥责的语言；要用幽默的语言，不用呆板的语言等。

8. 理解宽容

作为同事，没有理由苛求他人为自己尽忠效力。在发生误解和争执的时候，一定要换个角度，站在对方的立场上为他人想想，理解他人的处境，千万不能情绪化，甚至把他人的隐私抖出来。任何背后议论和指桑骂槐，最终都会在贬低对方的过程中破坏自己的大度形象，而受到旁人的抵触。

9. 朋友勤联络

在同事交往中，可能会有相处较好的朋友，诸多朋友形成自己的人际圈。在激烈竞争的现实社会中，"铁饭碗"已不复存在，一个人很少能在同一个单位终其一生。空闲的时候给朋友打个电话、写封信、发个电子邮件，哪怕只是片言只语，朋友也会心存感激。对进入自己人际圈的朋友要常常联络，一个电话、一声问候，就拉近了朋友的心，如此亲切的朋友，遇到好机会能不先关照你吗？

　　做到以上几点，就能成为同事喜欢的人。关键在于行动，从哲学的高度认识改变自己对人生发展的意义，去尝试，去行动，那么就会享受到成功带来的喜悦。上述几点很普通，一看就明白，但是，许多人并不能从人生的高度认识它，不能用自己的行动去践行。要明白一个道理：同事之间良好的人际关系是靠自己来创造的，你去行动就会有好的结果。成功，属于那些立即行动的人。

二、组织内部换位思考的关键点

1. 换位思考可以克服人性的弱点

人要认识自己，解剖自己，最根本的是从人性上来审视自己。人是善与恶的结合体，即人一半是天使，一半是魔鬼。人性的善与恶潜在于人的自然属性之中，而人是作为社会人而存在的，当具备一定社会环境与条件时，善与恶便会显露出来。人性的主要弱点在于权欲、物欲与情欲中表现出来的恶行。通过换位思考，减少对别人的恶行，树立同理心，减少沟通障碍。

2. 换位思考是日常生活常识

一位情商高的人必然能合理控制自己的情绪，为和别人相处留下恰当的空间，也能提高自己的生活质量。换位思考可以成为一种习惯，当你想给同事提意见的时候，先思考30秒，想一想你的说法别人能否接受，久而久之，习惯成自然，养成了为别人思考的好习惯。

3. 换位思考应在企业中形成一种氛围

换位思考作为一种思维方式可以灌输到管理过程。从概念上讲通俗易懂，但运用起来却不乏技巧，彰显艺术，如果在企业管理过程中运用得当将会事半功倍，反之则事倍功半。换位思考是以诚信为基础的，而诚信又是相互合作的前提。企业内部既需要横向的合作也需要纵向的合作，企业外部则需要合作伙伴、客户、社会各方面乃至竞争对手的合作，合作是企业文化的基础。合作的成功乍一看似乎主要依赖于资金和技术的合力，然而历史和经验告诉我们，那些经得起风雨、经得起推敲的真正意义上的合作，更加依赖于人的合力与心的合力的最佳组合。因此，换位思考不仅可为企业营造一种和谐的气氛，而且赋予了企业文化更具哲理的内涵。

4. 换位思考须从我做起，从现在做起

换位思考为组织内部的合作提供了一个平台，一个人与人之间、心与心之间寻找最佳组

合点的平台，它不是少数人要去养成的一个习惯，而是企业内部从管理者到被管理者都要切实执行的内容。因此，作为企业的一分子，我们有义务从我做起，从现在做起。

 相关链接

与同事相处的心得

（1）尊重对方，不可自傲自满，不可凡事都自认为有一套。

（2）不讲同事的坏话。

（3）不可自吹自擂。

（4）多沟通、多协调、多合作。

（5）多站在对方的角度想问题，少站在自己的角度想问题。

（6）别人不肯与自己合作，是因为自己先不与别人合作。

三、改进同事沟通的方法

（1）在交流中可以率先表明自己的看法，创建沟通的和谐氛围。

（2）可以增加交流的频率，减少每次交流的时间。

（3）实行双向沟通，避免"一言堂"。

（4）创建良好的人际关系氛围，避免虚伪，沟通要诚恳。

（5）提高个人的倾听质量。

拓展训练

　　黄某，男，17岁，中职二年级学生。学习成绩不好，在校表现较差，平时考试几乎都是班上最后一名。性格上胆小、多疑、自卑、不爱动。在交往方面的主要问题有：不合群，孤独，害怕参加活动；自卑感强，回避与老师同学相处、说话，曾经因学习上的事对老师撒过谎。上课从不主动举手回答问题，即使被老师喊到也因紧张而说不完整，语言表达能力差。黄某的家离学校比较远，他属于寄宿生。黄某的父母都是农民，平时经常外出做临时工，没有时间也没有精力与黄某交流沟通，唯一的交流就是问考试成绩，一听说成绩不理想，就是一顿打骂，长期这样，黄某也不再对父母说实话。总之，这是一个缺少爱与沟通的家庭。黄某有哪些需要改进的地方？如果是你，会怎样做？

任务评价

评 价 项 目	评 价 要 点	权重	自评	师评
知识考察	1. 同级沟通的要点	10分		
	2. 同级沟通遇到的障碍和解决办法	10分		
	3. 尊重他人，是追求自尊的基本条件	10分		
选择恰当的方式	1. 选择时机	10分		
	2. 选择环境	10分		
	3. 选择方式	10分		
	4. 选择倾听	10分		
沟通规范	1. 语言规范	10分		
	2. 精神集中	10分		
	3. 借助工具	10分		
总分		100分		

任务 14 与下属沟通的技巧

学习目标

技能目标

——学会有效下达指示的具体做法。

——掌握与下属沟通的策略和技巧。

知识目标

——了解与下属沟通的正确方式。

 工作任务

某公司市场部刘经理结算了上个月部门的招待费，发现有一千多块的结余，按照以往不成文的惯例，他要用这笔钱请部里的员工去外面吃一顿饭或者是搞搞其他的活动，于是他走到休息室叫小张去通知其他人晚上吃饭的事。然而，快到休息室时刘经理却听到了这样一段对话，对话的双方是自己的部下小张和销售部员工小王。

"哎，刘经理对你们不错啊，他经常组织你们吃饭、搞活动。"小王略带羡慕地对小张说。

"算了吧！"小张不屑地说道，"他也就这么点本事来笼络人心，遇到我们真正需要帮助的事情，他没一件办成的。上次公司办培训的事知道吧？我们部里的人很多都想参加，一来可以有几天休息调整的机会，二来工作了这么长时间我们也总得充充电吧。别的部门都报了不少名额，可我们连一个都没报上去，真不知道他是怎么想的。"

门外的刘经理听到部下如此评论自己，不免有些委屈了，其实培训的事情刘经理根据下属的需求早就反映到了人力资源部门，可一直以来，老板认为市场部人员不稳定，并不愿意给所有员工都投入成本去培训，刘经理只好想别的办法来安慰部下。

如同这个案例故事中的刘经理一样，很多时候由于所处角度的不同，管理者与下属之间很容易产生一些误解，如果没有充分的沟通，久而久之这些小误会就可能导致下属对管理者产生不信任，对团队心生抱怨。面对下属的误解，管理者应该如何化解呢？

任务分析

误解可能来自很多方面，但大部分情况下，产生误解的主要原因还是管理者并没有真正被自己的下属所了解和认识。

据上述案例，请指出：① 案例中上司和下属的错误主要有哪些？ ② 上司和下属接下来可以怎么做？

工作步骤

步骤 1 给予员工认同

不论在什么场所，谈话、会议、指派工作或平时生活方面，语言中要强调"我们""我们这个部门""我们这个团队"，让员工觉得上级与他们同一阵线。如果一味讲究"我""你""他"，员工的心目中会觉得自己在这个团队里不重要，工作起来就会显得满不在乎。因此，团队的服务与管理，应始终让团队成员感受到他在团队中的重要性，不论在什么环境条件下，都能得到平等公允的尊重与认同。

步骤 2 设立清楚且可能达成的目标

规划部门工作蓝图后，应该摘录其要点传述于员工，并在长期计划框架里制定一些短而明确的目标，让人一目了然，而且具体可行、容易达成，如果目标笼统、高不可攀，则员工容易丧失斗志。

步骤3　正确评价与善待下属

要将下属当作自己的合作伙伴来看待，在工作的过程中，对制度的贯彻落实，工作目标的分解完成，始终能体现晓之以理、动之以情，同甘共苦、患难与共的合作理念。善于发现和肯定下属的长处。当下属犯了错误，真正的领导者只会花时间来解决问题，并在共同解决问题的基础上完善新的规范，而不是责备他人。当你横加责备时，你的注意力集中在过去，如果你承担了责任，你才会将眼光投向未来，找到解决问题的方法。

步骤4　精神鼓舞与物质奖励并举

在服务与管理的过程中，建立精神鼓舞与物质奖励并举的激励机制，并通过积极的杠杆调剂作用，使其互为补充，互为提升，既能培养下属对工作成绩与荣誉的追求意识，也能让下属清楚地明白，成绩与荣誉的取得并不单纯是个人努力的结果，它永远离不开集体与同事

特别提醒

（1）尝试各种类型的沟通方式。

（2）善于沟通的人更善于管理。

（3）在努力克服与他人之间的障碍时要力求客观。

（4）尽量使沟通媒介与信息内容相配。

（5）尽可能面对面进行沟通。

的帮助与支持。借助晨会、例会、员工大会、宣传栏等平台，对先进集体与先进个人大力宣传，及时兑现奖励承诺，形成良好的积极向上的"评先进、学先进、争先进"的热烈氛围。

步骤5　改进沟通的方法

管理是通过他人的自发性协助和努力以达到预定的目的，用讨论、商量的方式比用恐吓的方式效果好。尽可能用体谅的心态来对待他人，你越是体谅他人，他人也越体谅你，你越体谅他人，你的心情就越平静，与他人沟通的时候心情就会越舒畅，越快乐。

步骤6　引导团队与时俱进，有意识地锤炼团队精神

通过以上五步形成的工作基础，作为管理者的凝聚力与号召力得以真正体现，在此基础上，团队建立与建设已顺理成章。以岗位的区划，建立若干小团队，通过相互协调与配合形成凝聚力、号召力、战斗力强劲的大团队，通过工作实践与理念的提炼，总结出团队精神，并加以宣传、体现与传承，在不同的工作实践阶段，依据新的目标与发展方向，进一步完善团队理念与团队精神，使其保持与企业同步，并为企业发展壮大服务。

特别提醒

常见的不良沟通

（1）开会时不用数据说服他人，谁大声谁就对。

（2）吹毛求疵，鸡蛋里挑骨头。

（3）只用员工的劳力，不鼓励发言。

（4）主管不好好教导下属，或根本不教。

（5）交代工作时说话太快，交代不清。

（6）不肯听下属的意见或建议，固执己见。

知识平台

一、与下属沟通的正确方式

作为一名优秀的干部、优秀的主管，一定要能与下属进行有效沟通，如果与下属无法沟通，就不可能成为一名优秀的主管。要想做一名好领导，经常问自己一个问题："凭什么下属愿意接受我的领导，我有何德、何才、何能？"

与下属进行有效沟通的要点：① 应尊重下属并相信他们有朝一日会超过自己；② 应看到下属的长处，特别是自己不具备的技能；③ 应站在下属的立场去想问题。

 相关链接

日本有一个"八、十六、二十四原则"：作为员工，八小时想工作就是一名非常优秀的员工，作为干部要十六小时想工作，作为老板要二十四小时想工作，这就是不一样的地方。领导越站在下属的立场想问题，与下属的沟通就越顺畅。

1. 倾听下属的声音，随时表扬激励下属

请每星期表扬每一名下属一次。下属的分类：A 类下属，90 分；B 类下属，70 分；C 类下属，60 分。A、B、C 类都要表扬，而且最应该表扬的是 C 类，C 类下属做到 65 分就开始表扬，表扬以后做到 75 分时，再表扬，以此类推。

2. 关注下属的进步，适当授权给下属

领导具有的两种心态：第一种，只管员工现在好好干工作，不管员工的将来；第二种，真心想让员工在工作中学到本领。这两种心态的领导讲的话是一样的，"各位努力工作，为了你们将来"，但心态是不同的，员工能真正体会到。

关心员工"三赢"：① 越关心员工，员工就越关心领导；② 越关心员工，员工的业绩就做得越好；③ 员工业绩做得越好，对领导、员工和企业越有好处。

授权也是一种沟通。授权成功最主要的两点：① 授权之前要跟下属做良好的沟通，要对下属非常了解，才能授权；② 定好游戏规则。

3. 正确处理越级报告

确定越级报告和越级指挥事项。刚上任召开部门会议，告知部门员工三件事：① 举报可以越级报告；② 同一件事情与主管讲了三次，主管仍未理会，可以越级报告，除此以外的所有事情皆须跟主管报告；③ 如果上司越级指挥或者还有其他上司指挥你，第一时间报告主管。

二、赞美下属的技巧

心理学家认为，每个人都有自卑情绪。人人或多或少都喜欢别人的赞美，如赞美他的衣服着装好、办事效率高、精力充沛……总是让人听得高兴。

下属总是很在意上级的认可，你如果举出几点证明他的将来大有作为，他一定高兴地引你为知己。在赞美过程中应注意：

（1）实事求是，措辞恰当。

（2）赞美要具体、深入、细致。

（3）赞美需热情。漫不经心地对对方说上一千句赞扬的话，等于白说。

（4）赞美多用于鼓励。

（5）借用第三者的口吻赞美他人。

（6）赞美要注意适度。

拓展训练

1. 某日，电视栏目采访了一位新女性，这位女性是服装公司的老板，32 岁，一般私企的老板一周工作七天，一天工作十几个小时以上，但是这位女老板，一周只工作两天，每天 8 小时。她的工作方式是：每周一早上到企业，把上周设计师设计的服装拿出来，让内部模特走台，看看哪个服装好，哪个服装不好，决定待生产的产品；第二天到企业开会，把大家召集来，第一句话就问："有没有什么事情需要我协调的？"如果没有就散会。她在办公室，谁有事就去找她，没事就没人找她，下午五点半以后，女老板人间蒸发了，谁都找不到她，下周一再回来。主持人问她："你这样管企业会不会出问题？"老板说："我开头也担心出问题，后来我发现我把工作交给他们做，他们做得比我还好。"请分析女老板的管理方式为何能取得这样的效果。

2. 情景剧演练：

（1）今天你来做班主任，安排开学第一天的工作，如何与同学们开第一次班会？

（2）公司面临变革，需要重新进行人事安排，你的一位人力资源部门老员工老李工作一直很努力，但是总部空降了人力资源部部长，你如何将这个消息告知老李，并对老李今后的工作做妥善安排？

任务评价

评 价 项 目	评 价 要 点	权重	自评	师评
组织下行沟通基本知识	1. 与下属沟通的正确方式	10 分		
	2. 赞美下属的技巧	10 分		
	3. 有效下达指示的具体做法	10 分		
提高下行沟通的技巧	1. 选择时机	10 分		
	2. 选择环境	10 分		
	3. 选择方式	10 分		
	4. 选择倾听	10 分		
沟通规范	1. 语言规范	10 分		
	2. 精神集中	10 分		
	3. 借助工具	10 分		
总分		100 分		

模块四
商务组织外部沟通

在商务组织的外部沟通过程中，外部沟通对象又称沟通客体、受众、客户，即信息的接收者。外部沟通对象是商务沟通过程的出发点和落脚点，在沟通过程中具有积极的能动作用。根据外部沟通对象的需求和特点组织沟通信息，调整沟通方式，可以使其更好地理解沟通内容，从而达到预期的沟通目的。"知己知彼，方能百战百胜。"我们作为商务组织的沟通主体——信息的发出者、反馈者，为了达到良好的沟通效果，必须对自己在外部沟通对象心中的可信度、与外部沟通对象的关系以及沟通的目的进行分析；同时，要充分了解外部沟通对象的构成、背景（教育背景、知识背景）、爱好和兴趣、是否对所要传达的信息有偏见等，从而了解沟通的难易程度，并为如何激发外部沟通对象的兴趣、转变外部沟通对象的观点做好准备。

本模块主要学习内容如下：

（1）了解外部沟通对象的特点及分类。

（2）确立外部沟通导向的思维模式。

（3）学会分析、把握外部沟通对象的沟通需求。

（4）掌握激发外部沟通对象兴趣的策略，并且能够有效地运用策略。

项目一
外部沟通对象的特点及分类

 项目描述

　　商务交往中，沟通是必要的，但是盲目的沟通往往是无效的。商务沟通中，需要关注外部信息和感情传递对实现目标的促进作用，但更需要关注的是，设计一种有效的传递过程，这个过程的关键在于对沟通对象的认识。

 项目情境

一个不良个人住房按揭贷款成功收回的启示

　　客户成某 2015 年在 A 银行办理个人住房按揭贷款 3 笔，贷款金额分别为：32 万、30 万、28 万元。2021 年初由于成某所办公司经营出现问题，资金短缺无力正常归还住房月供。A 银行客户经理在电话催收无效后，多次上门催收。开始成某态度较差，经过客户经理耐心分析利弊，成某态度有所扭转并开始筹借资金配合还款。但由于资金缺口大，还款来源最终没有得到落实，鉴于成某所购 3 套住房一套用于自住、一套用于办公、另一套出租的情况，A 银行客户经理建议客户转售出租的房屋，这样成某既能避免被银行起诉造成损失，还可保证其他两套住房的按揭月供，其余的资金还可用于生意上的周转，银行又能及时收回贷款。

　　成某同意银行建议，但又苦于找不到合适的买家，A 银行客户经理又采取多种渠道联系买家，先后 3 次帮助客户谈判，终于帮助成某出售了房屋，摆脱了困境，银行顺利收回不良贷款，在此过程中，客户经理还及时向买家宣传 A 银行业务，成功营销两张信用卡。

本案例成功清收不良贷款原因，至少源于 A 银行客户经理在如下四个方面下的功夫。一是心中有客户。首先要进行细致充分的沟通准备活动，要研究客户，了解客户，分析客户所处现状及遇到的问题。本案例中，客户经理对成某的详细情况进行了细致的调查。包括目前的收入情况、经营情况、家庭情况及房屋使用情况等都进行了详细记录。二是服务耐心细致。客户成某由于资金短缺无法归还银行贷款，心烦气躁，电话催收时，态度恶劣，在客户经理上门催收时有意躲避不见。在此情况下客户经理利用晚上下班时间在其住处楼下蹲点，耐心守候直到其 10 点回家，对其讲政策、说道理，促其配合银行工作。三是选择最优方案。在本案例中，若采取法院强制执行，成某不仅要承担 1 万元左右的诉讼费，拍卖价格也不高，还要支付拍卖费、利息费等其他费用，最后会有不小的损失，对于银行来说不仅要耗费更大的人力、物力，还会使清收周期拉长，并且存在不能全额清收贷款的可能，所以，在充分调查市场行情的前提下，考虑到成某所购住房有所升值，若以合适的价格出售，在去除装修费、利息费后还可能有结余。而银行方面又能及时收回不良贷款，及时出售其中一套住房不失为最佳方案。四是注重信息积累。在日常工作中，注意收集有关方面的信息，为工作提供方便，本案例中银行能短时间帮助客户找到买家，与平时注意搜集报纸、网络、房展会等方面的信息密不可分。

沟通是人们进行的思想或情况交流，以取得彼此的了解、信任及良好的人际关系的手段。沟通也是组织与外部环境之间建立联系的桥梁。本案例就主要体现了组织外部沟通在现代企业经营管理中的重要作用。

项目分解

任务 15　外部沟通对象的特点分析

任务 16　外部沟通对象的分类

任务 15　外部沟通对象的特点分析

工作任务

　　一天，一位老太太去菜市场买水果。她来到第一个小贩的水果摊前，问道："这李子怎么样？"

　　"我的李子又大又甜，特别好吃。"小贩回答。

　　老太太摇了摇头没有买。她向另外一个小贩走去，问道："你的李子好吃吗？"

　　"我这里专卖李子，各种各样的李子都有。您要什么样的李子？"

　　"我要买酸一点儿的。"

　　"我这篮李子酸得咬一口就流口水，您要多少？"

　　"来一斤吧！"老太太买完李子继续逛菜市场，又看到一个小贩的摊上也有李子，又大又圆、非常抢眼，便问小贩："你的李子多少钱一斤？"

　　"您好，您问哪种李子？"

　　"我要酸一点儿的。"

　　"别人买李子都要又大又甜的，您为什么要酸李子呢？"

　　"我儿媳妇要生孩子了，想吃酸的。"

　　"老太太，您对儿媳妇真体贴，俗话说'酸儿辣女'，这是要给您生个大胖孙子呢！您要多少？"

　　"我再来一斤吧！"老太太被小贩说得很高兴，便又买了一斤。小贩一边称李子一边继续问："您知道孕妇最需要什么营养吗？"

　　"不知道。"

　　"孕妇特别需要补充维生素。您知道哪种水果含维生素最多吗？"

　　"不清楚。"

　　"猕猴桃的维生素特别丰富，最适合孕妇，而且对宝宝也好。"

　　"是吗？好啊，那我就再来一斤猕猴桃。"

"有您这样的婆婆，您儿媳妇真是有福气！"小贩开始给老太太称猕猴桃，嘴里也不闲着："我每天都在这儿摆摊，水果都是当天从批发市场选最新鲜的进货，您儿媳妇要是吃好了，您再来。"

"行！"老太太被小贩说得高兴，边付账边应承着。

想一想：面对同一个老太太，为什么三个小贩销售的结果完全不一样呢？

 任务分析

沟通问题的本质是沟通者能站在对方的立场思考问题、传递信息，商务组织中的外部沟通对象主要是客户及相关外联人员，也包括上下级组织及媒体。成功的商务沟通是充分了解客户等的需求，并取得共识的沟通，也称客体导向沟通。客体导向沟通最根本的前提，是要了解沟通对象是谁，分析他们的特点，了解他们的动机，学会与他们接触，通过对沟通对象的深入分析，帮助沟通者根据沟通对象的需要和特点组织信息、传递信息，实现有效沟通。

工作步骤

步骤 1　明确他们是谁

在许多商务场合，沟通者可能拥有多个不同的沟通对象群。无论是通过书面还是口头的沟通方式，只要沟通对象多于一人，就应分清主次，针对其中对沟通目标影响最大的人或团体来调整沟通内容。分析他们是谁，目的在于解决"以谁为中心进行沟通"的问题。

如何客观地分析了解沟通对象？首先，需要分析沟通对象中的每一位成员的情况，包括教育层次、所学专业、年龄、性别、兴趣爱好等。其次，要对沟通对象做整体分析，通过分组的方式分析其群体特征、共同规范、价值观等。

 相关链接

了解客户个性，减少被拒绝次数

客户拒绝的表面原因：销售人员、客户本身、对公司或者公司产品没有信心。

被客户拒绝的深层原因要从分析人的个性开始。① 有的人记性奇好，因此，对客户的承诺一定要兑现；② 有的人爱美，销售人员给人的第一印象很重要；③ 有的人喜欢讲交情，你也要和客户讲交情；④ 有的人比较直率，表情都写在脸上，所以要注意察言观色；⑤ 有的人爱面子，所以要给足客户面子；⑥ 有的人不轻易相信别人，一旦相信则无论何时何事都深信不疑，所以，销售最重要的是首次接待即获得客户的信任；⑦ 有的人不敢尝试新事物，不能当机立断，所以，你要在合适的时机给你的客户做决定；⑧ 有的人不擅长赞美别人，但喜欢被赞美，所以你要学会多赞美客户。

步骤 2　调查他们了解什么

围绕"他们了解什么"来确定沟通的信息内容，需要解决以下三个问题。

（1）沟通对象对背景资料的了解　若沟通对象对了解背景资料的需求较低，就不需要浪费时间和精力在无谓的背景资料介绍或名词解释上；若沟通对象对背景资料的需求较高，则一定要准确地表达术语和行话，将新的信息与他们已掌握的信息结合在一起，并给出非常清晰的结构。

（2）沟通对象对新信息的需求　在沟通对象对新信息的需求较高时，应提供足够的例证、统计资料、数据及其他材料。多数情况下沟通对象并不需要了解太多新的信息，他们可以信赖专家的意见，也可以将作出判断的权力交还给沟通者。因而，考虑这一问题要从沟通对象需要多少信息出发，而不是取决于我们能提供多少信息给沟通对象。

（3）沟通对象的期望和偏好　他们的期望与偏好是什么？在沟通的风格、渠道或形式方面，他们更偏向于哪一种？在文化、组织及个人的风格上是否有任何偏好？如交流形式是正式或非正式、直接或婉转、互动性或非互动性。在沟通渠道的选择上有否任何偏好？如书面文件或电子邮件、小组讨论或个人交谈。对文件或报告的标准长度与格式有何偏好？这些都是沟通者需要掌握的信息。

相关链接

某公司董事长的工作法则

某公司董事长有一个习惯，一般不接受下属的口头汇报，要求遵循一个工作法则，即提供书面报告，每个报告不超过一页纸。 审阅后，如果需要面谈，则另约具体时间；不需要面谈，则交给相关部门办理。董事长的体会是，只有这样，工作时间才是自己的。

了解了董事长的这个工作法则，为其提交的报告就要注意不超过一页纸，使沟通能顺利进行。

步骤 3　掌握他们的情感倾向

商务沟通中，沟通者需要了解沟通对象在沟通过程中可能出现的情感反应，一般注意两个问题。一是沟通对象对你的信息感兴趣程度如何。如果所提供的信息对沟通对象的财务状况、组织地位、人生目标等能产生较大影响，他们就会对信息产生较大的兴趣。二是你所要求的行动对沟通对象来说是否容易做到。值得注意的是，应先列出沟通对象可能同意的几个

特别提醒

商务沟通中，沟通对象对于所接收的信息，可能出现正面、反面或中立三种意见倾向。若估计沟通对象会表现出正面或中立的意见倾向，沟通者只需强调信息中的利益部分以加强他们的信念。 若估计沟通对象会出现反面意见，则需要将预期的反对意见在开始时就提出来，并做出反应。

观点，如果他们同意，那么接受整体思想的可能性就比较大。若估计你所要求的行动对于沟通对象过于困难，则要采取以下对策：① 将行动细化为更小的要求；② 尽可能简化步骤；③ 提供可供遵循的程序清单和问题检核表。

知识平台

一、建立客体导向的沟通理念

成功的商务沟通本质是沟通者能站在沟通对象的立场思考问题，能够根据沟通对象的需要和特点组织信息、传递信息，实现建设性沟通。现代沟通活动在分析沟通对象时，更注重客体导向，即站在沟通对象的角度思考问题，分析沟通对象的特征、需求，分析沟通对象希望达到什么沟通目标，分析沟通对象可能已经掌握的相关信息及他在沟通中最希望对方采取的态度等。通过对沟通对象的分析，才可能尽快找到沟通的切入点，使沟通在融洽的气氛中进行。主、客体沟通的过程如图 4-1 所示。

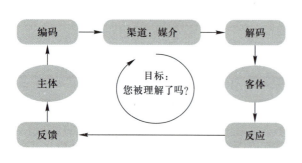

图 4-1 主、客体沟通过程图示

特别提醒

沟通主体不能只关注自己的价值取向，忽略对方的关注点、经历、地位、知识结构等，否则，将会出现沟通过程中将自己的观点强加给他人，或者导致信息发送与理解的偏差。

二、客体导向沟通的技巧

商务沟通的本质是沟通者能站在对方的立场思考问题，以沟通对象的价值导向来检讨自身的行为，分析沟通对象的要求和期望，根据其利益要求采取相应的策略，最大限度地消除双方之间的认知隔阂，寻求对问题看法上的统一。沟通时应注意以下三点：

（1）最根本的前提是要了解沟通对象是谁、他的特点和动机是什么。

（2）不去争论谁有什么责任，或者对方有什么不合理的要求。

（3）明确沟通对象分析策略的三个问题：沟通对象是谁？沟通对象了解什么？沟通对象的情感倾向是什么？

三、德鲁克管理沟通的四个基本原则

1. 沟通是理解力

在沟通时，无论采用何种媒介，所做的表达都应被对方理解，只有那些被理解的东西才能被沟通。

与他人说话时必须依据对方的经验。如果一个经理人和一个半文盲员工交谈，他必须用对方熟悉的语言，否则结果可想而知。谈话时试图向对方解释自己常用的专业用语并无益处，因为这些用语已超出了他们的认知能力。接收者的认知取决于他的教育背景、过去的经历及他的情绪。如果沟通者没有意识到这些问题的意义，他的沟通将会是无效的。另外，晦涩的语句就意味着杂乱的思路，所以，需要修正的不是语句，而是语句背后想要表达的看法。

有效的沟通取决于接收者如何去理解。例如经理告诉他的助手："请尽快处理这件事，好吗？"助手会根据老板的语气、表达方式和身体语言来判断，这究竟是命令还是请求。德鲁克说："人无法只靠一句话来沟通，总是得靠整个人来沟通。"所以，无论使用什么样的渠道，沟通的首要问题必须是：这一信息是否在接收者的接收范围之内？他能否收得到？他如何理解？

2. 沟通是期望

人们喜欢听他们想听的话，而排斥不熟悉和威胁性的语言。只有理解对方的兴趣和期望，才能使他们从新的角度看待问题。

对管理者来说，在进行沟通之前，了解接收者的期待是什么显得尤为重要。只有这样，我们才可以知道是否能利用他的期望来进行沟通，或者是否需要用"孤独感的震撼"与"唤醒"来突破接收者的期望，并迫使他领悟到意料之外的事已然发生。因为人们所察觉到的，都是他们期望察觉到的东西；人们的心智模式会使其强烈抗拒任何不符合其"期望"的企图，出乎意料的事通常是不会被接受的。

一位经理安排下属主管去管理某个生产车间，但是这位主管认为，管理该车间这样混乱的部门是件费力不讨好的事。于是经理开始了解主管的期望，如果这位主管是一位积极进取的年轻人，经理就应该告诉他，管理生产车间更能锻炼和反映他的能力，今后还可能会得到进一步的提升；相反，如果这位主管只是得过且过，经理就应该告诉他，由于公司的业务重组，他必须去车间，否则只有离开公司。

3. 沟通是创造要求

沟通总是要求信息接收者成为某种人、做某些事、相信某些话。换句话说，沟通通常请求接收者付出注意、理解、洞察、支持、信息和金钱。最重要的是，沟通需要时间，这是这个时代中最有价值的物品。在进行任何沟通之前必须问自己，我为什么要在这上面花费时间？是什么鼓励其他人把他们最宝贵的时间留给我，他们在结束时会认为物有所值吗？

一个人一般不会做不必要的沟通。沟通永远都是一种"宣传"，都是为了达到某种目的，例如发号施令、指导、斥责或款待。沟通总是会产生要求，它总是要求接收者要成为某人、完成某事、相信某种理念，它也经常诉诸激励。换言之，如果沟通能够符合接收者的渴望、价值与目的的话，它就具有说服力，这时沟通会影响一个人的性格、价值、信仰与渴望。假如沟通违背了接收者的渴望、价值与动机时，可能一点也不会被接受，或者最坏的情况是受到抗拒。

一家公司的员工因为工作压力大、待遇低而产生不满情绪，纷纷怠工或准备另谋高就，这时，公司管理层反而提出口号"今天工作不努力，明天努力找工作"，更加招致员工反感。

4. 信息不是沟通

公司年度报表中的数字是信息，但在每年一度的股东大会上，董事会主席的讲话则是沟通。当然这一沟通是建立在年度报表数字之上的。沟通以信息为基础，但不等同于信息。信息与人无涉，不是人际间的关系。它越不涉及诸如情感、价值、期望与认知等人的成分，它就越有效力且越值得信赖。信息可以按逻辑关系排列，技术上也可以储存和复制。信息过多或不相关都会使沟通达不到预期效果。而沟通是在人与人之间进行的。信息是中性的，而沟通的背后都隐藏着目的。沟通由于沟通者和接收者认知和意图不同显得多姿多彩。

基于以上四大原则，沟通时我们要解决以下四个问题：

（1）沟通对象能感知到沟通的信息内涵。沟通对象能够透过信息载体，理解沟通者表达的意义。

（2）沟通是沟通对象期望的满足。人们习惯于接收他们想听的信息，而对不熟悉或威胁性的信息具有排斥情绪。

（3）沟通能够激发沟通对象的需求。沟通者要从沟通对象的立场出发，分析沟通对象花费时间来获取这些信息是否值得？如果你是沟通对象，你自己是否愿意花费时间来获取这些信息？

（4）所提供的信息必须是有价值的。传递的信息能够解决对方的或自己的实际问题。

拓展训练

　　李刚是一家广告公司的策划部经理助理。上司让他起草一份新款室内加湿器的市场营销策划书。请帮他思考一下，他的沟通对象都有哪些？

任务评价

评 价 项 目	评 价 要 点	权重	自评	师评
沟通对象的 特点分析	1. 他们是谁	10 分		
	2. 他们了解什么	10 分		
	3. 掌握他们的情感倾向	10 分		
客体导向沟通	1. 客体导向沟通概念的理解	10 分		
	2. 客体导向沟通的内容	10 分		
技巧应对	1. 根据不同沟通对象正确选择恰当的沟通技巧	10 分		
	2. 外部沟通对象的特点分析	10 分		
	3. 现场模拟沟通技巧	30 分		
总分		100 分		

任务16 外部沟通对象的分类

学习目标

技能目标

——能将不同的沟通对象进行正确分类。

——能识别各类沟通对象的特征。

知识目标

——理解外部沟通对象的不同分类。

——掌握不同类型外部沟通对象的特征。

工作任务

年底，某公司为了奖励市场部的员工，制定了一项海南旅游计划，名额限定为 10 人。可是，市场部的 13 名员工都想去，部门经理需要再向上级领导申请 3 个名额，于是，出现下面的对话。

市场部王经理："朱总，我们部门 13 个人都想去海南，可只有 10 个名额，剩余的 3 个人会有意见，能不能再给 3 个名额？"

朱总："筛选一下不就行了？ 公司能拿出 10 个名额就花费不少了，你们怎么不多为公司考虑？ 你们呀，就是得寸进尺，不让你们去旅游就好了，谁也没意见。我看这样吧，你们 3 个部门经理，姿态高一点，明年再去，这不就解决了吗？"

在这里，王经理的沟通没能达到预期的目标，如果你是部门经理的话，为了这 3 个名额，你会怎样去跟领导沟通？

再来看看李经理的沟通情形：

"朱总，有件事我想请示您一下，能否将海南的旅游计划稍做改变？"

"为什么？ 怎么改？"

"我们部门共有 13 名员工，今年的表现都很出色，为了让他们都能感受到公司对他们的肯定和鼓励，避免不必要的矛盾产生，我想能不能对原有计划做这样的改变：降低这次旅游的食宿档次或缩短出游天数，在总预算不变的情况下再增加 3 个名额，您看行不行？"

"哦，可以考虑，你拿个新方案出来再说！"

想一想，为什么李经理能够沟通成功？ 成功的关键因素是什么？

 任务分析

沟通对象又称沟通客体，即信息的接收者，包括个体沟通对象和团体沟通对象。沟通对象是沟通过程的出发点和落脚点。有效沟通最根本的前提是要了解沟通对象的类型，是个人还是团体，若是团体，应搞清楚谁是真正的决策者、实施者等核心人物，分析他们的特点，了解他们的动机，学会与他们接触，通过对客体的深入分析，根据客体的需要和特点组织信息、传递信息，实现建设性沟通。

工作步骤

步骤 1　找对人

找对人就是要在日常接触到甚至只是听说过的众多人员中找到符合意向的客户，从而进行高效的攻关，避免找错对象，缘木求鱼，徒劳无功。优秀的沟通主体能够在与形形色色的人员进行接触的有限时间内，迅速地识别出那些符合条件的人员，同时在后期的接触中，能够及时发现对推进合作进程具有影响力的关键人物，进行辅助攻关，加快合作过程。

步骤 2　说对话

说对话是确立商务沟通关系的基础。现代商务沟通中，说话包括了口语与书面语。从最初会面开始的寒暄或微信、QQ，到观念的互相认同，再到价值观达成一致，认可我们的合作方式到最后的签订合同、交纳保证金，这些都需要说对话。"没有话题找话题，找到话题聊话题，聊完话题没问题"，这是销售人员说对话的最高境界。

步骤 3　做对事

做对事就是指了解沟通对象的需求，有针对性地进行公关行动，在沟通中将问题处理得体、周全，使客户满意。关系固然重要，但在实际合作的过程中，不可能只在乎关系，而忽略所提供的产品的性能，以及企业自身的实力。所以，事情要做对。

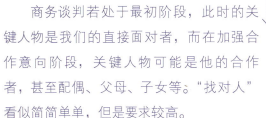

特别提醒

商务谈判若处于最初阶段，此时的关键人物是我们的直接面对者，而在加强合作意向阶段，关键人物可能是他的合作者，甚至配偶、父母、子女等。"找对人"看似简简单单，但是要求较高。

（1）多拜访客户　在不具备"慧眼"之前，拜访客户必须以多取胜，在众多的客户中不断筛选判断，找到合适的人。

（2）多与他人沟通　向成功经验比较多的人学习；多与客户及其身边人沟通，这些人有时候能为我们提供关键信息。

（3）多学习总部资料　总部会定期总结开发成功的案例，可以比照案例去寻找客户。

（4）学会分析和思考，举一反三、触类旁通　通过总结现有案例，所开发的客户范围还是有所局限，但是只要多总结、多思考，掌握了成功开发案例的要点，摸准客户的特点，就可以有所延伸，举一反三。

（5）多学多练，坚持不懈，苦练"慧眼"

许多销售人员由于一失败就放弃，不能坚持，这就导致最终没"找到人"，没找到人哪里来的"找对人"呢。其实被某类客户拒绝后可以总结被拒绝的原因，分析其心理，也可以分析其行业。失败多了，失败的教训多了，自然成功的方向也就更明确了；谈判的次数多了，不论成败，对客户的心理把握也就更加得心应手了，在以后的谈判中成功的概率就更高了。因此，"失败是成功之母"。

模块四　商务组织外部沟通

123

特别提醒

一般来说，商务人士与客户的交往都是从说话开始的。在商业合作过程中，说对话的重要性不言而喻，"话不投机半句多"，说不对话，合作无从谈起。如何说对话？ 对于商务人士来说，如果对客户合作流程不清晰，就不知道如何分析客户，更无法把握客户的合作心理，不能根据合作流程每个阶段的心理对客户进行跟踪。所以，要想不打无准备的仗、不说无意义的话，就必须掌握客户合作的流程，把握客户合作的心理。经过诸多案例的总结，可以将大客户一般的合作流程归纳为：（客户有）内部需求→确立初步合作意向→（我方）收集信息→筛选→评估→最终决策→后续服务。

商务人士只有了解客户的心理流程，并根据客户所处的心理阶段制订攻关方案，才能满足客户不同阶段的不同要求。

特别提醒

有的时候我们感觉找对了人，话也说得差不多了，可是客户就是迟迟不合作，导致我们进退两难：不"逼"吧，怕"夜长梦多"，"逼"吧，又怕"打草惊蛇"。这就是因为我们没有做对事，因为"耳听为虚，眼见为实"。"说对话"成功了一大半，但没有"做对事"的那一半，成功还是未知数，所以，必须做对事，让客户看到诚意并能获利。那么，要做什么样的事才是"对"的呢？ 这就需要分析客户手头资源，了解其合作顾虑，有针对性地去做事，例如，可以利用参观来增强客户对我们的信心，或是充分利用我们的工程人脉来"吸引"客户，采取的手段可以是加强与客户人脉甚至是客户人脉周边人员的接触，接触得越多，合作得越多，越有信心选择和我们合作。

知识平台

一、按照沟通对象的人数对沟通对象进行分类

按照沟通对象的人数进行分类，沟通对象可分为个体沟通对象和团体沟通对象。团体沟通对象还有正式群体和非正式群体的区分。

相关链接

团体沟通对象可细分为五类人物。

（1）主要听众 首先决定哪些人将成为主要听众，他们将直接自沟通者处得到口头和书面信息。

（2）次要听众　考虑哪些人将成为次要听众或"幕后听众"，他们将获得信息副本，得到尚待证实的信息，道听途说或受到信息波及。

（3）守门人　判断在听众中是否存在"守门人"——必须通过此人来传达信息。若存在，是否他（她）会因为某些理由而封锁消息。

（4）"意见领袖"　听众中是否有某人具有强大的、非正式的影响力。

（5）关键决策者　最后且可能最重要的，判断是否存在可以影响整个沟通结果的关键决策者。若存在，则依据他的标准调整信息内容。

二、按照沟通对象的风格对沟通对象进行分类

依据沟通对象在沟通过程中情感流露的多少，以及做决策是否果断等，沟通对象可分为四种不同的类型，即：分析型、和蔼型、表达型和支配型。

（1）分析型　在决策的过程中果断性非常弱，感情流露也非常少，说话非常啰唆，问了许多细节仍然不做决定。

（2）和蔼型　感情流露很多，喜怒哀乐都会流露出来。这类人总是微笑看着你，但是他说话很慢，表达也很慢。

（3）表达型　感情外露，做事非常果断、直接，且热情、有幽默感、活跃，动作非常多，而且非常夸张，在说话的过程中，往往会借助一些动作来表达他的意思。

（4）支配型　感情不外露，但是做事非常果断，总喜欢指挥你，命令你。

相关链接

首先要掌握不同类型的沟通对象的特征，能够分辨出沟通对象是哪种类型，然后以与之相适应的方法进行沟通。当辨别出沟通对象的类型后，怎样去了解他的特征和需求？采用什么样的方法沟通效果会更好？下面就介绍各类型沟通对象的特征及与其沟通的技巧。

1. 分析型沟通对象的特征和与其沟通的技巧

（1）特征：① 动作慢——严肃认真；② 语调单——语言准确，注意细节；③ 真实的—— 有计划有步骤；④ 寡言的、缄默的——使用挂图，明确目标及具体方案；⑤ 面部表情少——喜欢有较大的个人空间。

（2）与分析型沟通的技巧：① 注重细节；② 遵守时间；③ 尽快切入主题；④ 希望对方一边说一边拿纸和笔在记录，像他一样认真、一丝不苟；⑤ 不要和他有太多眼神的交流，更避免有太多身体接触，你的身体不要太前倾，应该略微后仰，因为分析型的沟通对象强调安全感，要尊重他的个人空间；⑥ 要用很多准确的专业术语，这是他需要的；⑦ 要

125

多列举一些具体的数据，多做计划，使用图表。

2. 和蔼型沟通对象的特征和与其沟通的技巧

（1）特征：① 面部表情和蔼可亲——合作；② 频繁的目光接触——友好；③ 说话慢条斯理——赞同；④ 声音轻柔，抑扬顿挫——耐心；⑤ 使用鼓励性的语言——轻松。

（2）与和蔼型沟通的技巧：① 和蔼型沟通对象看重的是双方良好的关系，他们不看重结果，所以在和他沟通的时候，首先要建立良好关系。② 要对和蔼型沟通对象的办公室照片及时加以赞赏。和蔼型沟通对象有一个特征就是经常在办公室里摆放家人的照片，当你看到照片的时候，千万不能视而不见，一定要及时对照片上的人物进行赞赏，这是他最大的需求。③ 要时刻充满微笑，如果你突然不笑了，和蔼型沟通对象就会想：他为什么不笑了？ 是不是我哪句话说错了？ 会不会是我得罪他了？ 是不是以后他就不来找我了？ 他会想很多，所以，在沟通的过程中，一定要注意始终保持微笑的姿态。④ 说话要比较慢，要注意抑扬顿挫，不要给他压力，要鼓励他，去征求他的意见；多提问："您有什么意见""您有什么看法"，问后你会发现，他能说出很多非常好的意见，如果你不问，他基本上不会主动去说，所以，你看他微笑地点头就要问。⑤ 要有频繁的目光接触，每次接触的时间不长，但是频率要高，三五分钟就目光接触一次，过一会儿再去接触一下，但是不要盯着他不放，要接触一下回避一下，沟通效果会非常的好。

3. 表达型沟通对象的特征和与其沟通的技巧

（1）特征：① 外向——合群；② 直率友好——活泼；③ 快速的动作和手势——热情；④ 生动活泼、抑扬顿挫的语调——不注重细节；⑤ 有说服力的语言——令人信服；⑥ 幽默——陈列有说服力的物品。

（2）与表达型沟通的技巧：① 声音要洪亮；② 要有一些动作和手势，如果我们很死板，没有动作，那么表达型沟通对象的热情很快就消失掉，所以要配合他，当他出现动作的过程中，我们的眼神一定要看着他的动作，否则，他会感到非常的失望，比如，他说你看这个方案怎么样，你一定要看着他的手认为这里就有方案，同时，在沟通中你也要学会伸出手，"你看，我这个方案怎么样？"他会很好奇地看着你的手，仿佛手里就有一个完整的解决方案；③ 表达型沟通对象的特点是只见森林，不见树木，我们要多从宏观的角度去说一说："你看这件事总体上怎么样""最后怎么样"；④ 说话要非常直接；⑤ 表达型沟通对象不注重细节，甚至有可能说完就忘了，所以达成协议后，最好与之进行书面确认，这样可以提醒他。

4. 支配型沟通对象的特征和与其沟通的技巧

（1）特征：① 果断——有作为；② 指挥人——强调效率；③ 有目光接触——独立；④ 说话快且有说服力——有能力；⑤ 语言直接，有目的性——热情；⑥ 面部表情比较少——使用日历；⑦ 情感不外露——计划性强。

（2）与支配型沟通的技巧：① 可以问一些封闭式的问题，他会觉得效率非常高；

② 要讲究实际情况，有具体的依据和大量创新的思想；③ 支配型的人非常强调效率，要在最短的时间里给他一个非常准确的答案，而不是一种模棱两可的结果；④ 一定要非常直接，不要有太多寒暄，直接说出你的来历，或者直接告诉他你的目的，要节约时间；⑤ 说话声音要洪亮，充满信心，语速一定要比较快，如果你在这个支配型沟通对象面前声音很小、缺乏信心，他就会产生很大的怀疑；⑥ 一定要有计划，并且最终要落到一个结果上，他看重的是结果；⑦ 不要感情流露太多，要直奔结果，从结果的方向说，而不要从感情的方向说；⑧ 要有强烈的目光接触，目光的接触是一种信心的表现；⑨ 身体一定要略微前倾。

沟通的目的是达成一个共同的协议。要和不同类型的沟通对象达成协议，就要了解不同类型沟通对象的特征。人以类聚，根据相应的特征和其沟通时就容易达成协议。所以不论是分析型、和蔼型、表达型还是支配型，以适合对方的方式去沟通，就会给对方留下一个好的印象，会觉得与你沟通非常愉快。通过学习沟通对象的类型，会使我们同他人沟通时做到游刃有余，有较高的效率，不论和任何人沟通都能达到一个圆满的结果。

三、其他分类

（1）根据心理需求的不同，沟通对象可分为成就需求型、交往需求型和权力需求型。
（2）根据个性不同，沟通对象可分为内向型和外向型。
（3）根据信息处理方式不同，沟通对象可分为思考型、感觉型、直觉型和知觉型。
（4）根据个体管理风格不同，沟通对象可分为创新型、官僚型、整合型和实干型。

拓展训练

1. 结合沟通对象分类特征，将"海南旅游"案例中王经理及李经理与朱总沟通成败因素进行对比。
2. 对某个同学进行沟通对象类型分析，并给出与之沟通时应采取的方法。

任务评价

评价项目	评价要点	权重	自评	师评
正确认识沟通对象类型	1. 掌握各种分类标准及具体类型	10 分		
	2. 知晓团体对象的各类人物	10 分		
	3. 能用自己的语言阐述各种沟通对象风格类型的特征	10 分		
恰当判断小组成员风格类型	1. 将小组成员进行合理的分类	10 分		
	2. 对每一类成员的沟通风格进行正确的归结	10 分		
	3. 正确找出每组团队中的不同人物角色	10 分		
技巧应对	1. 根据不同沟通对象选择恰当的沟通技巧	10 分		
	2. 正确梳理出沟通步骤	10 分		
	3. 现场模拟沟通技巧	20 分		
总分		100 分		

项目二
企业公民形象塑造

 项目描述

　　通过履行社会责任，塑造良好的企业公民形象是当代企业管理的发展趋势，也是我国企业转变经营方式、提高管理水平的需要，是促进中国经济与社会协调发展的必然。对企业来说，保持企业的竞争优势除了保证产品质量和服务质量的优势外，如何与新闻媒体保持良好沟通逐渐成为提升企业软实力、保持企业竞争优势的重要因素。

 项目情境

　　红木嘉筷从传统文化及儒家礼仪思想入手，从宣传箸文化出发，来树立企业的品牌形象。企业通过饕餮纹与宝相纹的运用，表达出企业立足于民族，以及对美好事物的向往。整套设计在统一中有变化，简洁而不简单，体现典雅朴实的感觉，与中国人含蓄的心理特征相呼应。品牌极具人文色彩，迎合受众心理，使人自然产生对产品的喜爱，从而激发购买行动。

 项目分解

　　任务 17　塑造企业公民形象
　　任务 18　与新闻媒体沟通的技巧

学习目标

技能目标

——能识别企业公民形象的特征。

——能将不同的技巧进行正确归类。

知识目标

——理解企业公民形象的内涵。

——掌握塑造企业公民形象的方法。

工作任务

1999 年，成立之初的蒙牛一夜之间在呼和浩特市推出了 500 多块户外广告牌，上写"发展乳品行业，振兴内蒙古经济""千里草原腾起伊利集团、兴发集团、蒙牛乳业，塞外明珠照耀宁城集团、仕奇集团，河套峥嵘蒙古王、高原独秀鄂尔多斯、西部骄子兆君羊绒……我们为内蒙古喝彩，让内蒙古腾飞"。蒙牛在广告费非常有限的情况下，不是马上宣传自己的产品，而是为那些内蒙古的明星企业喝彩，这是蒙牛精心做的捆绑插位广告，用公益行为博得大众和社会的认可，令自己的面世不同凡响。

蒙牛深知，一个企业的发展离不开社会的发展，企业在自身发展的同时，如果以实际行动回报社会，在市场竞争中自觉承担相应的社会责任，会得到国家各级部门的支持，也使企业较易在公众中获得高信任度和知名度，这对企业的品牌来讲是一笔无形资产，会让品牌产生更大的魅力。

任务分析

从管理的进程来看，我国现代企业管理正在从全面质量管理、环境管理走向社会责任管理。 其主要特点是，企业管理不仅表现为投资者、管理人员的职能，而且融合为劳动者、消费者、供应商、利益相关者的共同参与。这种新的管理趋势，要求企业从更广泛的公众利益和社会发展的角度考虑问题，自觉接受社会和公众对自己的监督、检验和认可。通过履行社会责任，塑造和展现企业有益于公众、有益于环境、有益于社会发展的正面"公民"形象。

工作步骤

以建设银行为例，2010 年，是建设银行股改上市五周年，是建设银行发展史上继往开来的承启之年。面对复杂多变的经济金融形势，建设银行沉着应对挑战，积极转变发展方式，着力推进结构调整，各项业务取得长足进步，履行社会责任成绩斐然，展现了企业公民的良好形象。国际国内经济金融形势依然复杂，既有难得的发展机遇，也面临新的困难和挑战。建行怎么做才能为社会承担全面的企业公民责任呢？请看以下步骤：

步骤 1　兼顾各方利益，创造更大价值回报

坚持积极审慎经营方针，探索建立速度、结构、质量和效益相统一的经营模式，推动各项业务持续健康发展，平均资产回报率、平均股东权益回报率等关键指标达到国际大银行先进水平，总市值居全球上市银行第二位，为股东、客户、员工和社会创造了更大的价值。2010 年，建行被英国《银行家》杂志评为"中国最佳银行"，并在《福布斯》发布的"2010 中国品牌价值 50 强"中名列银行业第一。

步骤 2　履行基本责任，促进经济发展与民生改善

自觉执行国家的宏观经济政策，发挥支持基础建设的优势；大力调整信贷结构，加大对中小企业的支持力度，主动服务"三农"，积极支持新农村建设和县域经济发展；大力支持民生改善，为城乡居民在住房、就业、教育、医疗、社保等方面的金融需求提供支持；全力支持国家西部大开发战略，切实做好援疆、援藏工作，为促进边疆地区的经济繁荣和社会稳定做出了积极贡献。

步骤 3　坚持以人为本，推进民主管理

进一步完善以职代会为基本形式的职工民主管理，充分发挥职代会和工会组织的作用，尊重和保障员工权益，调动员工的积极性、创造性。实施大规模的员工教育培训，投入经费约 7.43 亿元，举办培训项目 26 393 个，积极拓宽员工职业发展通道。坚持以人为本的理念，广泛开展关爱员工活动，有针对性地进行心理疏导和激励，帮助员工积极应对竞争压力，保持乐观向上的精神状态。

步骤 4　投身公益事业，促进社会和谐发展

把支持教育事业、关心弱势群体及弘扬民

 特别提醒

"企业公民"这个概念作为企业文化的一部分，是企业社会责任的精华所在，它展示的是企业与政府、与社会融洽的关系，以及企业对社会整体实现经济、政治可持续发展的高度责任感。企业将自己视为社会的一部分——社会公民，力求在发展企业经济的同时为社会的可持续发展做出最大的贡献。优秀的企业同时也是负责任的企业，企业社会责任最基本的含义是企业的法律责任，包括遵守国家的各项法律，不违背商业道德，在高层次上是企业对社区、环境保护、社会公益事业的支持和捐助。

族文化等作为回报社会、履行社会责任的战略重点，进行了积极探索和实践。广泛开展公益慈善活动，扶危济困，抗灾救灾，在教育、医疗、文化艺术、学术研究、环境保护等领域实施了多个长期大型公益项目，取得良好的社会效果，为构建和谐社会奉献了一份力量。

知识平台

企业公民形象主要表现在以下四个方面。

一、具备良好的企业管理和道德价值

良好的企业管理和道德价值主要包括遵守法律、现存规则及国际标准，防范腐败贿赂，恪守道德行为准则及商业原则。

相关链接

　　企业社会责任理念的建立与其经营的成功有着不可分割的联系。根据对百年老店所做的调查，它们的第一代领导者多是以理想主义来创业的，倡导社会责任第一，利益、利润第二。在 2005《财富》全球论坛上，海尔集团首席执行官张瑞敏指出："利润和企业社会责任不是博弈关系。一般情况下，追求利润的最大化是企业的生存之本，也是企业应享有的基本权利。但同时，企业承担着必要的社会义务。这种权利和义务的对等关系构成了企业理念的基础。"海尔一直以强烈的社会责任感创立品牌，建立市场网络，参与国际合作。砸掉不合格冰箱的举动不仅保持了海尔的竞争优势，提升了社会形象，而且赢得广泛尊重，获得了令人瞩目的成功。

二、对员工具有强烈的人本意识

企业对员工的各种责任，包括员工安全计划、就业机会均等、反对歧视、薪酬公平等。

相关链接

　　怎样建立一个良好的企业公民形象？对当前的中国企业来讲，有两点值得注意：从品牌建设角度看，一个好的企业品牌应该由内而外，员工应该成为企业公民的主体；从企业发展战略角度看，企业的公民价值观一定要和企业发展战略保持一致，把履行社会责任作为企业发展战略的重要组成部分。员工是企业价值最直接的承受者，最快的传递者，所以

应该以人为本，把以员工为本、以企业为本和以社会为本有机结合起来。企业的行为只有首先让员工感动，才能感动"上帝"，才能"感动"市场。如果连员工都感动不了，则很难让外部公众对企业有好的印象。比较遗憾的是，许多企业现在并没有认识到这一点。

三、对环境的保护意识

对环境负起责任主要包括维护环境质量，使用清洁能源，共同应对气候变化和保护生物多样性等。

 相关链接

　　1987 年，挪威首相布伦特兰夫人在联合国世界环境与发展委员会的报告《我们共同的未来》中，把可持续发展定义为"既满足当代人的需要，又不对后代人满足其需要的能力构成危害的发展"。这一定义得到广泛接受，并在 1992 年联合国环境与发展大会上取得共识。我国学者对这一定义又作了如下补充："可持续发展是不断提高人群生活质量和环境承载能力的、满足当代人需求又不损害子孙后代满足其需求能力的、满足一个地区或一个国家需求又不损害别的地区或国家人群满足其需求能力的发展。"环境保护已经被列为我国的基本国策之一，每一个合格的企业公民都应该为环境保护做出应有的贡献。

四、对社会发展具有贡献意识

广义的对社会发展的贡献，比如传播国际标准、向贫困社区提供要素产品和服务（如水、能源、医药、教育和信息技术等），这些贡献在某些行业可能成为企业核心战略的一部分，成为企业向社会投资、做慈善或者社区服务行动的一部分。

 相关链接

　　2020 年初新冠疫情肆虐，光明乳业是武汉封城之后，唯一一家一直保持生产和供应低温乳制品的企业。

　　光明乳业武汉工厂在第一时间启动 2003 年"非典"时期的管理模式，对工厂进行整体管控。严峻的疫情形势和交通管制，对光明的是一场巨大的考验，由于人员不足，很多管理人员也纷纷上阵。他们将捐赠物资源源不断地送往各大医院、公安部门、街道办、基层社区等。同时，光明还负责武汉市内各大商超、奶站及湖北省其余 12 个地市低温乳制品的供应。由于防疫措施到位，在封城期间，五百多人的光明武汉工厂，在感染病例为零的情况下，稳定保证了武汉及周边地区的乳制品供应。

　　"当别人都不供应的时候，光明一定要供应。"光明乳业负责人如此说。

拓展训练

1. 为更好地塑造良好的企业公民形象，你认为企业还应该注意哪些方面？

2. 选择一个你熟悉或喜爱的企业，上网了解其基本情况，并结合塑造企业公民形象的途径，假设你是企业的决策者，面对机遇和挑战，谈谈如何更好地塑造企业的公民形象。

任务评价

评价项目	评价要点	权重	自评	师评
企业公民形象	正确辨别企业公民形象	30分		
技巧应对	1. 辨析企业的不同举措，并进行正确归类	20分		
	2. 根据不同企业类型选择恰当的企业公民形象塑造方法	20分		
	3. 尝试提出新的措施	30分		
总分		100分		

任务 18 与新闻媒体沟通的技巧

学习目标

技能目标

——系统领会企业与新闻媒体沟通的各种技巧。

——掌握不同技巧的操作要领。

知识目标

——熟悉企业与新闻媒体沟通的各种技巧。

——辨析不同技巧的区别与联系。

工作任务

有一位知名企业的市场部总监，他的观点令人不敢恭维。他这样说："我们的原则是与媒体保持距离。"可是这话刚说不到一个月，该企业一些不愿意公开的行为被某报纸连续曝光，而且还有网上报道，并被四处转载。因为先前他们与新闻媒体没有什么接触，当曝光事件出现以后，才匆匆忙忙地去找报道该事件的记者，被动的局面可想而知。

作为未来的商务活动从业人员，我们应该明白，如今的企业就好像生活在一个透明的环境里，企业的一举一动都会被世界上其他地方的人看到，而且几乎是同步的。原因很简单，互联网普及了，新闻传播速度加快了，你的信誉无处可藏，就算你不愿意，也得把你最深、最暗的一面拿出来展示给大家。所以，企业要想在这种环境下不断壮大发展，就要求时时刻刻提醒自己是一个公众形象，并且积极维护自己的信誉，而与新闻媒体有效沟通是一项核心的公关技巧。如果与新闻记者建立起稳固的良好关系，经常组织成功的新闻活动，积极跟踪新闻报道，保证正面信息的高效传播，降低负面信息的传播速度与范围，将有助于企业的经营发展。

任务分析

"新闻因人而生动"，媒体管理最终是由具体的人来实现的。对于企业来说，高管常常会在各种场合与媒体接触，成为企业的代言人。机智、诚恳、生动、幽默是企业高管面对媒体的基本素质，但与媒体沟通也有一些技巧。

工作步骤

步骤 1　和媒体交朋友

与媒体良好沟通常常会带来较正面的新闻报道。这就要求企业相关人员要结识相关新闻记者，了解报纸、杂志、广播和电视台的工作人员是如何开展工作的。只有相互了解才能相互支持。比如企业相关人员要知道什么样的信息是媒体朋友所需要的，并适时提供给他们。

相关链接

与媒体交朋友的方法

1. 引起关注

企业要学会向记者发布一些具有新闻价值的事件，引起媒体的关注。一旦新闻人员开始就事件经过向你寻求帮助时，就意味着融洽的关系已经建立。与媒体建立积极的关系可以塑造、提高组织形象，推广产品，陈述事件，对他人的说法及时做出反应，让受众（包括普通受众、政要、商业受众、专业受众）了解企业情况。

2. 建立联系

一般情况下，与媒体良好沟通并与媒体人士保持长久、稳固联系的企业会吸引更多的新闻报道，尤其是更多正面的报道：① 观看电视、收听广播、阅读报纸杂志，以便熟悉各种类型的报道及语言运用的风格；② 确定可能会正面报道所在企业新闻的节目和出版物，去了解当地或行业报刊、网络编辑，与专门报道本行业的记者保持联系，结识当地电台和电视台新闻编辑的负责人；③ 积极配合新闻记者及时完成稿件，友好和善地对待他们，这样他们也会支持你；④ 经常准备不同风格的稿件，然后通过这些稿件与不同的新闻媒体建立联系，避免将一篇新闻稿件发给所有的媒体，而不考虑这篇稿件是否适合该媒体的稿件要求。这种没有变通的稿件被媒体拒用是一件太正常不过的事情了。

3. 邀请媒体采访

如果和媒体有过初次合作，为了使双方能更进一步地了解与沟通，可以邀请这些记者作一次正式采访。比如邀请记者去公司或工厂采访，向记者们展示目前的工作情况等。如果你策划的是一项与员工共进午餐的活动，需要向员工们简要说明进餐时可以谈论和不能涉及的话题。记住：一些记者会利用酒后闲聊抓住最佳的新闻线索。另外，为记者提供一篇好的新闻稿，以及装有产品的礼品包，这种慷慨大方的表现将有助于建立和谐的关系。万万不能通过贿赂媒体来获得新闻报道，这种方式不但没有效果，还会受到负面的报道。

步骤2 吸引媒体报道

正面的新闻报道可以提高企业的声誉，其过程是发现有新闻价值的素材并进行有效新闻发布，组成整套新闻，确保成为头条新闻，与关键受众建立起信任感。

 相关链接

吸引媒体报道的技巧

1. 了解新闻报道

想要宣传企业或产品，除了在电视、广播或出版物上发布广告之外，主要露面方式就是新闻报道。新闻宣传稿就是将新闻素材以报道的形式撰写。出版和广电界的记者们利用这些新闻稿来编辑、报道、制作新闻或特别节目。一旦收到新闻稿，编辑会首先浏览标题和稿件的第一段，以了解素材的大致内容。此时，如果他（她）觉得内容不够吸引人，就会弃用稿件。这样的稿件约占97%。为使新闻稿件能从每天数百篇稿件中脱颖而出，应确保稿件素材生动有趣、非同寻常、广受争议、新颖独特、突发性强或意义深远。

新闻稿件必须从新闻价值的角度选择素材，并且要确保稿件中包含五个 W：① Who——谁将会主持这项行动？可能是个人，也可能是组织，或两者皆有；② What——他们会做什么？可能是一项活动，或一项公告；③ When——什么时候发生的？写清日期；④ Where——在何处开展；⑤ Why——开展活动的原因是什么？

2. 发布新闻宣传稿

撰写完新闻宣传稿，须由相关上司检查、批准，然后向目标媒体发布。

3. 制作媒体包

如果打算开展一项活动或者推出一项新产品，需要向记者提供比新闻稿更详细的内容，这时应该制作一份媒体包，包内放入新闻稿的复印件和其他有用的信息。例如，现在有一个新型化妆品上市，就应该把该产品的背景材料、以前市场上相关产品资料及关键人物（如产品的研发专家）的小传、产品情况说明书、经常被询问的问题（附有回答）及产品图片等作为媒体包的组成部分，也可附上产品的样品。媒体包可以寄给记者，或者在新闻发布会、记者采访或摄影会时亲自送给他们。如果这一环节没有做好，你所期待的新闻可能就不会被发布出来，因为记者手里没有足够的资料可以编辑稿件。许多企业的新闻稿件迟迟无法发布，材料不全是一个重要的原因。

4. 举办新闻发布会

在新闻有可能激发出媒体相当的兴趣（如宣布意义重大的好消息、开办新工厂、提供大量的工作机会或者宣布大规模的裁员）时，企业就应当举办新闻发布会，邀请有关人士、媒体和公司重要代表参加，随后接受采访。开新闻发布会要记得安排安静的房间以供会后采访使用。当然，举办新闻发布会是非常耗时的，如果采用新闻宣传稿的形式也同样有效，就使用宣传稿这种形式，这样既可以节省时间，又能免除麻烦。

步骤 3　接受媒体采访

接受媒体采访要做好充分的准备，学习如何回答棘手的问题，确保接受的采访可为你和所在企业塑造良好的专业形象。

相关链接

接受媒体采访的技巧

1. 为电台或电视台采访做准备

与平面媒体的采访相比，电视、电台采访更令人感到不安。但是，除非是现场直播，否则不必过虑，通常问题可以重复，节目也可以重新录制，因此你还可以提供更简洁或更为全面的回答。在大多数场合下，采访者希望展示你最好的一面，会帮助你放松。帮助被采访者有更好的表现也是电视电台记者的工作之一。只有当你成为众矢之的时，才真正到了艰难时刻。和同事一起对采访中可能会遇到的问题进行准备，以增强信心。如果时间允许的话，最好进行多次演练。

2. 处理棘手问题

采访者通常询问被采访者一些设计好的问题，让被采访者以一种有趣的、启发性的、生动活泼或开玩笑的方式回答。如果你所在的企业做出不被大众接受的事情时，你就可能会遇到一些苛刻或攻击性很强的问题。在这种情况下，被采访者必须事先确定好愿意回答的问题和不愿意暴露的信息，并考虑好该如何回答这些问题。练习的环节最好不要省掉。

这里强调一点，在面对棘手的问题时，永远不要说"无可奉告"。这样说，给人的感觉是你在试图隐藏什么。要避免听起来含糊其辞的回答；要集中注意力，把你的意思表达清楚并传递正面消息，要让听众听明白。比如被问到对裁员持何种态度时，回答重点放在积极的方面，可以这样说，"我们将帮助被裁员工寻找新工作"或"所有被裁员工将带薪寻找新工作并可以得到再就业的建议"等。总之，出现了危机，面对摄像机、录音机或不友好的记者，应该保持冷静，确保你已传达要点，然后果断地结束采访。

步骤4　发表新闻图片

一张好的图片也是一种优秀的宣传工具。企业在这方面常常做得远远不够。许多企业根本就没有想过要通过好的图片来宣传他们的企业或产品（这里不包含硬性的广告图片，而是指具有新闻价值的图片）。其实企业可以通过优秀的图片报道，把自己有创意的产品或者企业形象"销售"出去。

 相关链接

发表新闻图片的技巧

1. 组织摄影聚会

企业可以通过举办摄影活动的方式，将关于企业及其产品的图片发布出去。如写一份摄影聚会邀请函发出去，邀请摄影师们参加。摄影聚会活动是为了吸引新闻界摄影师们而组织的活动。如果你认为策划的摄影活动有报道价值，也可邀请电视台参加，能获得电视台的报道，宣传活动将更具影响力。一般摄影记者都比较忙，他们的工作也很有计划性。所以，在开展活动的前一周应当把邀请函送到你所邀请的媒体的图片部。如果编辑们认为这些活动有价值，就会记录在备忘录上。但是，这并不意味着同意参加，尤其是如果同时还有一场更有新闻价值的专题活动。也就是说，在策划这类活动时，要注意调查了解一下近期是否有更重要的活动出现。比如，社会公益活动或者比你的企业更有影响力的公司在举办类似活动，要尽量避开，以免"撞车"。

2. 发表自己的图片

企业可以直接向当地的网站或报纸、杂志提供一些高质量的图片。为了确保图片的质量和构图，最好雇用一位了解媒体要求的专业摄影师，这样图片的命中率可能会高些。如果情况合适，还可配合新闻短消息发布图片，也可以在新闻稿上注明在公司网站上可以下载图片。值得提醒的是，送去发表的每张图片的背后都要附有清晰的文字说明。要写清照片上是谁，表现的是什么，按照从左到右的顺序列出人物名字。不要直接在图片的背面写，因为这样可能会损坏图片。把内容写在有黏性的标签上，然后粘贴在图片的背后。这样做会使照片显得更珍贵，而对你来说，则显得更专业些。目前，发表自己图片最便捷的形式是发布在企业微信公众号上，或者发布在朋友圈中，但其受众面不如正规的大众媒体广泛。

步骤5　跟踪媒体新闻报道

一旦新闻稿发布成功，图片被采纳，下一步就是确保对企业进行正面宣传，保持前后一致。保留每次与媒体接触的记录，追踪新闻报道，评估效果。相当多企业还没有这种习惯和意识，而有些企业可能做了媒体报道方面的档案资料管理，但做得很不到位，也很不规范，更多的都是想到哪里做到哪里，能做多少就做多少。比如，有一家年销售额近七个亿的企业，把这些媒体报道资料整理好以后就锁起来，等这些资料达到一定数量以后，就把相对旧的扔掉，但他们从来没有回顾和分析过这些资料。这样做意义何在？只是为了积累到一定量就扔掉吗？连一份记者名单也拿不出来，更不用说评估媒体新闻报道效果了。

 相关链接

跟踪媒体报道的规范做法

1. 记录媒体来电

记录来电，可以整理出一份相应的、可靠的媒体反馈记录。列出打电话的人所代表的报刊或节目及问询的深层含义，同时也记录下你的反应或发表的言论。了解采访结果的编排时间及发表时间，检查报道是否公正客观。你越是致力于提高公司的形象，工作得越辛苦，媒体致电给你的可能性就越大。为了便于记录和方便查阅，建议以 12 个月为线索制作一个表格，按媒体名称、专业、类别进行分类记录。

2. 追踪新闻报道

每一次发布新闻或发出摄影聚会邀请函，都应该在档案中留下复印件，附上发送记录表，然后用实际报道单位数量除以发送单位数量，得出媒体曝光率。如果你发送的大多数新闻稿被采用，说明你的工作很有效。如果只有小部分新闻稿被采用，就要调查原因，是因为超过截止时间、新闻稿质量不高，还是因为选择了不合适的媒体作为送稿目标。按发送记录表的名单拨打电话，看看能否找到原因。现在媒体竞争也很激烈，只要你态度诚恳，他们很愿意与你进行良好的沟通。

另外一种跟踪方式是聘请专业事务所来搜集信息。这些事务所将会提供新闻剪报，电台报道的录音、磁带，电视报道的录像带，以及电台报道的记录。许多事务所还提供评估服务。有的事务所提供对传统媒体的监测情况，有的则提供对新媒体的监听情况，并不是所有事务所同时开展这两种业务。所以，你可能要同时聘请两家事务所为你服务。

知识平台

一、以诚相待，任何时候都不可向记者撒谎

如果你不知具体情况是怎样的，就说不知道，并补充说明一旦得到结果，会第一时间转告记者。如果是企业的问题，千万不可对着媒体撒谎，而要实事求是地承认过错。记住，媒体的职责就是探明真相，任何谎言终究会被揭穿。如果你觉得回答某些细节很别扭，可改为重点阐述你最想回答的问题，并尽可能地强调与企业成就和业绩有关的信息。此外还要确认，记者是不是从内心同意并理解你的观点。这一点很重要。

二、与重要、主流媒体人交朋友

与优秀的、主流的媒体人做朋友，企业将长期受用不尽。重要的媒体人不仅在本单位掌控媒体资源，其权威和影响力还可辐射到其他媒体。关键时刻他会"见义勇为"，或替你打抱不平。

三、尽量避免起诉媒体

新闻消息瞬息万变，媒体报道失误是可以理解的。不要意气用事地起诉媒体，除非有证据证明，媒体从竞争对手那里受贿并故意恶意诽谤。企业尤其是上市公司，受到媒体质疑和公众监督是应该和必须的，上法庭起诉媒体只能是"搬起石头砸自己的脚"，会被公众认为是站到了舆论监督的对立面，反而会使企业形象乃至股价大跌。

媒体报道失误会使媒体本身"公信力"受到损伤，这本身就已经是对媒体的"惩罚"。所以，当出现媒体报道错误时，企业可以首先在公司主页发布澄清声明。声明中不要有指责媒体监督的负面词语，所有论述都要站得住脚，不得有任何造假。这样其他媒体看到澄清声明后，自然会来进一步了解情况，跟进报道。当然，企业也可以主动请另一家同等权威的媒体刊登没有失误内容的报道。总之，要尽快让负面影响平息，并尝试让坏事变好事，借机传播企业的成绩和理念。

四、"大""小"媒体一律同等对待

互联网打破了大报及其他传统媒体的主导地位，许多轰动新闻首先是从地方小报记者那里发出来，经过网络的迅速传播，成为大报或央视、新华社等媒体深入报道的素材。此外，记者人才已经市场化，记者的流动性在加快，谁能说优秀的小报记者不会哪一天变成强势媒体的名记者呢？所以，要认清媒体行业的人才形势，同等对待各方媒体。

五、谨防被断章取义

即使被媒体"逮到"，也不重复记者的负面信息。比如，"是的，我们上个月亏损了 300 万，主要是新产品的设计有问题。"如此，第二天报纸标题就会是"××公司承认新产品设计失败导致亏损 300 万"。如果对媒体不信任，担心企业信息被断章取义，也可考虑在企业网站率先发布接受媒体访问的原文。

六、见记者前充分准备

接受采访前要上网搜索该记者过去的文章资料，了解他一贯的新闻报道兴趣点和写作风格。如果预估会受到记者的诘难，就要写出至少 10 个最刁难的模拟问题，并准备好答案。如果是电视采访，接受采访的人要事先演练。有条件的可以用模拟录像演练采访，无条件的可对着镜子练习，由公司的同事检查并反馈意见。

七、学会关注热点新闻和流行话题

抓住媒体的胃口才能搭上新闻便车，要策划与热门新闻沾边的活动，应留意媒体最近集中关注的话题，考虑你的企业有什么东西可以拿来"跟风"。向媒体推荐企业新闻，也有时机是否适宜的问题，应注意不要与国家重大新闻和重点报道冲突，那样会掩盖你的新闻。通常，企业有重要新闻要发布时，要利用新闻"淡季"（相对比较平静、没有什么重大新闻事件和宣传任务的短暂间隔），如此才能脱颖而出。对媒体来说，这样的热点新闻使"淡季不淡"，也是两全其美的事情。

八、避免电话采访，除非你想说"不"

如果有电话采访要求当场回答哪怕只是"三分钟两个问题"，也不要答应。声音的感染力与表现力不如面对面加上表情和手势，所以要与记者面谈。通常你会发现，电话采访后，刊登出来的报道与你电话中说的大相径庭，但你又确实被记者采访过，此时面对"歪曲报道"只有无奈。你可对记者说正忙着，再约个时间，然后把问题记下来，或者说接受邮件采访。邮件采访也是一种不错的方法，因为人在行文时总比说话时更谨慎。如果电视台要求核实某个细节并做"录音电话采访"（在远程情况下电视台为省时间常使用此方法），那么在万不得已时你可以同意接受采访（处在负面新闻中的高管尤其不能说"不"，因为这个"不"很可能会被摄影机录下并播出），但需请记者先把问题提交过来，再约好时间请电视台打电话过来。总之，不可当场回答突袭采访的问题。

九、学会始终传达企业的"关键信息"

企业高管要准备几句每次都要对媒体讲的"关键信息"，熟记在心，一有机会面对媒体就要讲出来。比如，我们是全球第一大电视制造商；全球每五台电视中就有两台是我们的产品；从 1999 年起我们一直蝉联电视销售冠军宝座；市场占有率居全球第一；达到三分之一以上市场份额。当遇到有人纠缠"电视生产"萎缩、消费者投诉等负面消息时，企业更要把媒体注意力吸引到电视未来科技开发和市场潜力上来。

拓展训练

事情起源于美国一项表明苯丙醇胺即"PPA"有增加患"出血性中风"之症危险的研究。我国国家药品监督管理局（SDA）也发布了《关于暂停使用和销售含苯丙醇胺的药品制剂的通知》，并是以红头文件的形式发至国内各大媒体。天津中美史克制药有限公司生产的"康泰克"和"康得"两种产品名列其中。

通告的发布正值 11 月感冒高发期，暂停使用和销售"康泰克"对史克公司可以说是严重打击，通告使得"康泰克"销售急剧下降，中美史克为此蒙受的直接损失达 6 亿元人民币。同时，竞争者三九制药、海王药业看到市场的变化后纷纷推出感冒药项目，顺势强调不含 PPA 成分，中美史克多面受敌，加之媒体争相报道，经销商纷纷来电，"康泰克"多年来在消费者心目中的优秀品牌地位陷入危机。

2001 年 11 月 20 日下午，中美史克在北京举行了媒体恳谈会，希望借助媒体有效发布与此次 PPA 危机事件最相关的信息，尽量减少猜疑，保护康泰克、康得品牌。共有 54 家媒体记者出席了恳谈会，会后央视《东方时空》栏目记者还对天津中美史克制药有限公司的总经理杨伟强先生进行了独家专访。天津电视台、天津有线电视台及广州日报、羊城晚报、新快报的记者于 21 日对杨伟强先生及天津中美史克制药有限公司进行了专访。

会后，媒体已将报道焦点转向了 PPA，而非康泰克和康得。恳谈会不仅从很大程度上减少了媒体针对 PPA 事件对中美史克的负面报道，而且及时扭转了舆论导向，使其向着有利于中美史克的方向发展。

分析中美史克面对媒体采取了哪些技巧？

相关链接

在处理"PPA事件"危机的过程中，中美史克采用了如下战术：

（1）把握时机，争取主动　成立危机处理小组，在第一时间召开媒体恳谈会，邀请重点媒体参加，客观地阐述事实真相，尽可能回答记者感兴趣的问题。将名称定为媒体恳谈会，一方面可以传递企业亲和力，另一方面，表达中美史克实事求是与媒介沟通的态度，以赢得记者的同情与支持。此外，恳谈会可以有效控制PPA事件信息。

（2）防患于未然　针对不可避免的敏感问题，给出合理的答案，以防止负面报道的产生；确定统一的对外发布渠道、发言口径及发言人；确定固定的媒体来访接待人员和消费者专线。

（3）密切监测，积极沟通　全面监控国内的各类媒体、网站及中美史克竞争对手的消息，及时获取相关的媒体信息，每天汇总，准确评估事态发展程度，为决策下一步的行动提供依据。在恳谈会前后，尽可能与媒体沟通，开通热线电话，解决经销商和消费者问题，以增加媒体和目标受众对中美史克的理解与同情，与媒体建立良好的关系，为新康泰克重返市场打下基础。

从中美史克"PPA事件"危机管理案例中，我们可以看到中美史克对危机公关采取积极、友善、坦诚、负责的态度，对媒体采取的是有效沟通、不逃避、敢于面对现实的公关原则。

任务评价

评价项目	评价要点	权重	自评	师评
认识不同的沟通技巧	1. 掌握不同技巧的内涵	10分		
	2. 熟悉每种技巧的具体运用	10分		
	3. 区别不同技巧的特点	10分		
理解不同的沟通技巧	1. 正确分析企业现状	10分		
	2. 正确选择沟通技巧	10分		
	3. 理解不同技巧的具体操作	10分		
案例分析	1. 参与分组讨论（小组评价）	10分		
	2. 形成书面的小组意见	10分		
	3. 分组现场模拟情景（小组评价）	20分		
总分		100分		

模块五
团队沟通

近几年来，团队工作方式已经成为企业及其他组织生存和发展的一种必要手段，高效率的团队在企业经营活动中显示了强大的生命力。团队自身要想高效率地运作，在很大程度上依赖于团队内部成员的构成和有效沟通等因素。一个合作型团队的效率远远大于各部分的简单相加。随着团队成员之间的交往，其复杂性会成倍增加，成员彼此之间需要进行强有力的沟通才能了解各自的想法、互相理解，并能通过协作共同解决问题。

本模块主要学习内容如下：

（1）了解团队沟通的重要性。

（2）掌握团队的定义及特点。

（3）了解团队的构成要素。

（4）了解团队分工的重要性。

（5）了解小团体沟通的定义。

（6）掌握小团体沟通的技巧。

（7）了解团队冲突的定义。

（8）掌握团队冲突的应对方法。

项目一
认识与构建团队

 项目描述

团队是企业提高运行效率的可行方式，有助于企业更好地利用员工的才能，而且比其他形式的群体更灵活，反应更迅速。同时，团队在激励协调方面的作用也不可忽视。团队所具有的种种优点在很大程度上依赖于团队成员之间有效地沟通与协作。

 项目情境

一天晚上，索尼董事长盛田昭夫按照惯例走进职工餐厅与职工一起就餐、聊天。他多年来一直保持这个习惯，以培养员工的合作意识和与他们的良好关系。这天，盛田昭夫发现一位年轻员工郁郁寡欢、满腹心事、闷头吃饭、谁也不理。于是，盛田昭夫就主动坐在这名员工对面与他攀谈。几杯酒下肚，这名员工终于开口了："我毕业于东京大学，有一份待遇十分优厚的工作。在进入索尼之前，对索尼公司崇拜得发狂。当时，我认为进入索尼是我一生的最佳选择。但是，现在才发现我不是在为索尼工作，而是为课长干活。坦率地说，我这位课长是个无能之辈，更可悲的是，我所有的行动与建议都得课长批准。我自己的一些小发明与改进，课长不仅不支持不理解，还挖苦我癞蛤蟆想吃天鹅肉、有野心！对我来说，这名课长就是索尼，我十分泄气、心灰意冷！这就是索尼！我居然放弃了那份优厚的工作来到这种地方！"

这番话令盛田昭夫十分震惊！他想，类似的问题在公司内部恐怕不少，管理者应该关心他们的苦恼，了解他们的处境，不能堵塞他们的上进之路。于是，他产生了改革人事管理制度的想法。

之后，索尼公司开始每周出版一次内部小报，刊登公司各部门的"求人广告"，员工可以自由而秘密地前去应聘，他们的上司无权阻止。另外，索尼原则上每隔两年就让员工调换一次工作，特别是对于那些精力旺盛、干劲十足的人才，不让他们被动地等待工作，而是主动地给他们施展才能的机会。

在索尼公司实行内部招聘制度以后，有能力的人才大多能找到自己较中意的职位，而人力资源部门也可以发现那些流出人才的上司所存在的问题。

可见，良好的沟通是团队保持生机与活力的一个关键因素。

 项目分解

任务 19　团队的构成要素与重要性

任务**19** 团队的构成要素与重要性

任务**19** 团队的构成要素与重要性

学习目标

技能目标

——能以团队形式完成既定任务。

——能在团队中相互沟通。

知识目标

——理解团队的定义及重要性。

——了解团队的构成要素。

 工作任务

有一个装扮得像魔术师的人来到一个村庄，他向迎面而来的妇人说："我有一颗汤石，如果将它放入烧开的水中，会立刻变出美味的汤，我现在就煮给大家喝。"

这时，有人找了一个大锅子，也有人提了一桶水，并且架上炉子和木材，就在广场煮了起来。这个陌生人很小心地把汤石放入滚烫的锅中，然后用汤匙尝了一口，兴奋地说："太美味了，如果再加入一点洋葱就更好了。"立刻有人冲回家拿了一堆洋葱。陌生人又尝了一口："太棒了，如果再放些肉片就更香了。"又一个妇人快速回家端了一盘肉来。陌生人又建议道："再有一些蔬菜就完美无缺了。"在陌生人的指挥下，有人拿了盐，有人拿了酱油，也有人捧来其他材料，当大家一人一碗蹲在那里享用时，他们发现，这真是天底下最美味的汤。

其实这颗所谓的汤石只是陌生人在路边随意捡的一块石头。

请分析，为什么一块普通的石头可以煮出一锅美味的汤？

任务分析

当每个人贡献出自己的一份力量时，众志成城，就可以煮出一锅如此美味的汤。这就是团队，它是由拥有互补技能、愿意为了共同的目的而相互承担责任的人们组成的群体。

工作步骤

团队的构成有五个要素，分别为目标、人员、定位、权限、计划，总结为"5P"。

步骤1 团队的构成要素之一——目标（purpose）

团队应该有一个既定的目标，为团队成员导航，指引前进的方向。没有目标，这个团队就没有存在的价值。

自然界中有一种昆虫很喜欢吃三叶草，这种昆虫在吃食物的时候都是成群结队的，第一只趴在第二只的身上，第二只趴在第三只的身上……由一只昆虫带队去寻找食物，这些昆虫连接起来就像一节一节的火车车厢。科学家做了一个实验，把这些火车车厢一样的昆虫连在一起，组成一个圆圈，然后在圆圈中间放了它们喜欢吃的三叶草。结果它们爬得精疲力竭也吃不到这些草。团队失去目标，团队成员就不知道往哪个方向努力，最后的结果必然影响到团队存在的价值。团队的目标应跟企业的目标一致。此外，可以把大目标分割成小目标具体分配到各个成员身上，大家合力实现这个共同的大目标。

步骤2 团队构成要素之二——人员（people）

人是构成团队最核心的力量。人数在两个以上（包含两个）就可以构成团队。团队目标是通过人员具体实现的，所以人员的选择是团队中最为重要的一部分。一个团队中可能需要有人出主意，有人定计划，有人实施，有人负责协调，有人监督工作进展，并评价团队最终的贡献。因此，在人员选择方面要考虑人员的能力如何、技能是否互补、经验如何等。

步骤3 团队构成要素之三——定位（place）

定位包含两层意思。一是团队的定位。团队在企业中处于什么位置，由谁选择和决定团队的成员，团队最终应对谁负责，团队采取什么方式激励下属等。二是个体的定位。作为成员在团队中扮演的角色，是定计划还是具体实施或评估等。

步骤4 团队构成要素之四——权限（power）

团队当中领导人的权力大小跟团队的发展阶段相关。一般来说，团队越成熟，领导者的权力相应越小，在团队发展的初期，领导权是相对集中的。团队权限关系到两个方面：一是整个团队在企业中的决定权，如财务决定权、人事决定权、信息决定权；二是企业的基本特征，比方说企业的规模多大，团队的数量是否足够多，企业对于团队的授权有多大，它的业务是什么类型。

步骤5 团队构成要素之五——计划（plan）

计划包含两个层面的含义：目标最终的实现，需要一系列具体的行动方案，可以把计划理解成程序之一；按计划进行可以保证团队的进度，只有按计划操作，团队才会一步一步地接近目标，从而最终实现目标。

✉ 特别提醒

团队建设的关键：业绩是主要目标，团队是手段，不是目的；组织领导人拥有强烈的业绩观；不能让个人主义妨碍团队的业绩；约束是创造团队业绩的条件，包括团队内的约束和企业内的约束。

知识平台

一、认识团队

团队，就是由拥有互补功能、愿意为了共同的目的而相互承担责任的人们组成的群体。其模型如图5-1所示。

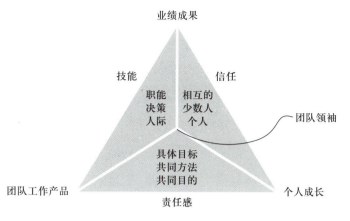

图 5-1　团队模型图示

 相关链接

雁群的启示

　　每只雁鼓动双翼时，对尾随的同伴都具有"鼓舞"作用。雁群排成 V 字形时，比孤雁单飞增加了 71% 的飞行距离。 当带头的雁疲倦了，它会退回队伍，由另一只取代它的位置。队伍后方的大雁会以叫声鼓励前面的伙伴继续前进。当有雁只生病或受伤时，其他两只雁会自队伍飞下协助及保护它。这两只雁会一直伴随在它的旁边，直到它康复或死亡为止。然后它们自己组成队伍再开始飞行，或者去追赶上原来的雁群。与拥有相同目标的人同行，能更快速、更容易到达目的地，因为彼此之间能互相推动。

　　1+1＞2 的团队才是优秀的团队。如果我们与大雁一样聪明的话，我们就会留在与自己目标一致的队伍里，乐意接受他人的协助，也愿意协助他人。在从事困难的任务时，轮流担任与共享领导权是有必要的，也是明智的，因为我们都是互相依赖的。要认识到自己也有能力不足的时候，懂得依靠团队力量而不是个人力量。我们必须确定从我们背后传来的是鼓励的"叫声"，而不是其他"叫声"。相互间的鼓励会振奋队员的精神，坚持到底。我们也要互相扶持，不论是在困难的时刻或在顺利的时刻。当有人必须离开团队时，应该举行一个告别仪式，因为它更多的是做给留下的成员看的。

二、团队分工的重要性

　　分工协作是指既要分工明确，又要互相沟通、协作，以达成共同的目标。分工协作的优势如下。

　　（1）可以发挥整体效能，提高工作效率　例如，流水线生产，就是将一个生产过程划分为多个环节，每个人负责其中的一个环节，一个环节完成后这个环节的负责人就可以开始下一轮生产，而不用等整个环节都完成再开始下一轮生产，大大节约了时间。

（2）能充分发挥每个人的特长优势　分工协作令每个人根据自己的专长去完成相应的工作，这样可以使每个部分的工作都能相对尽善尽美。

（3）可以弥补个人的不足　许多工作是一个人没有办法完成的，即使完成了也不能有很好的效果。《西游记》中，虽然唐僧师徒四人的每个人都有不足，但最终取经成功，正是分工协作弥补了其中的不足。

（4）团队精神和团队氛围会产生强大的动力　"近朱者赤，近墨者黑"，一个良好的氛围对成员的影响是巨大的，好的团队氛围可以使每个成员都心甘情愿尽自己最大的努力去完成工作，工作效率成倍增长。

 相关链接

《西游记》的团队分工

《西游记》应该是大多人都看过的一部电视剧，唐僧师徒四人披荆斩棘，历经重重磨难最终取得真经，体现出团队协作的重要性。要想使团队中的每个成员都能发挥最大的效用，作为领导者就要合理地安排其职能，各司其职，这就涉及企业管理的法则：贤者为上，能者为中，工者为下，智者为侧。《西游记》就是对这句话的最佳注解。

1. 唐僧——贤者为上

对于大企业的领导人来说，要有意识地淡化自己的专业才能，用人为能，攻心为上。锐圆曾言道，大老板只要求有两项本事：一是胸怀；二是眼光。有胸怀就能容人，刘备胸襟小点，眼里就只有自己那两个拜把子兄弟，遂有："蜀中无大将，廖化作先锋"之说；曹操器量大点，地盘实力也就大点，到他儿子就有改组汉朝"董事会"的能力。目光如炬，明察秋毫，洞若观火，高瞻远瞩，有眼光就不会犯方向性错误。所以说，不会用人的领导就像看不清方向盘的舵手。唐僧既非擒妖能手，又不会料理行程上的事务，只是坚持取经不动摇，嘴里会念紧箍咒，便一切都能迎刃而解，他是许多董事长、总经理的良好榜样。

2. 孙悟空——能者为中

孙悟空是受控的能量，大闹天宫时是"核弹"，取经时是"核电厂"。这个喻义再明确不过了。孙悟空是优秀的职业经理人，他的才能吴承恩先生已作完整表述。需要关注的是他和唐僧（总经理）以及与观音（执行董事，代表资方）的信用关系。首先孙悟空不是狗，也不是一般的人才，而是一个"人物"，"人物"和人才、人力不一样，在团队里是不可替代的。孙悟空参加取经团队是避害（压在五行山下日子凄苦），而不是趋利（最后捞个"斗战胜佛"，远不如"齐天大圣"逍遥自在），这使他多少有了独立人格。有独立人格的人有意愿和能力尊重约定，观音与孙悟空谈判的结果是以解放换责任，这个约定，才是孙悟空真正的"紧箍咒"，签订了合同就认真去做，百折不挠。所以，唐僧在领导孙悟空对观音的承诺，紧箍咒作为最后手段，虽然也用过，但孙悟空从来没有因为要放弃自己保卫唐僧的责任而被实施紧箍咒。唐僧也不因为有紧箍咒而事事处处表现自己的控制欲。

3. 沙僧——工者为下

沙僧及白龙马是接近领导的工作人员。做大老板，手下神仙老虎狗，样样都得有，"神仙"提供智力服务，"老虎"提供工作业绩，"狗"提供所谓"犬马之劳"。沙僧和白龙马提供的"犬马之劳"非常出色，如果说"神仙"猪八戒和"老虎"孙悟空还有缺陷的话，"狗"沙僧完全可以打 100 分，"狗"大多爱在领导身边闲言碎语，最难做到的就是闭嘴不叫，沙僧做到了。猪八戒虽然打不及孙悟空，劳不及沙僧，但他能够搞活团队的气氛，让取经路上充满了欢笑。

4. 诸神——智者为侧

西游记中的各路神仙就是师徒四人的顾问，为他们提供咨询和智力支持。通常孙悟空解决不了的问题，一般都要请教各路神仙。而这些神仙并不在取经团队之列。所以，现在的公司都要成立智囊团，聘请管理咨询专家就是为了共享他们的智慧。

在许多人看来，取经途中孙悟空似乎起到核心作用，不论遇到什么样的困难险阻，孙悟空都能神奇地使师徒四人安全脱困。其实不然，团队中是需要一个起关键作用的核心人物，但是核心人物在完成事情的过程中也需要团队中其他成员的配合，所以，不能忽视猪八戒、沙僧，就连一直默默跟随他们的白龙马也是功不可没的。在管理团队的过程中，领导者应该从全局看待事情的结果，成功绝对不是仅仅凭借一个人的力量。

拓展训练

头脑风暴：你喜欢什么样的团队？描述一下你喜欢的团队的特点。

任务评价

评价项目	评价要点	权重	自评	师评
知识掌握	1. 熟知团队的定义	10 分		
	2. 掌握团队的构成要素	10 分		
	3. 了解团队分工的重要性	10 分		

商务沟通与技巧

评 价 项 目	评 价 要 点	权重	自评	师评
技能运用	1. 能以团队形式完成既定任务	10 分		
	2. 能在团队中有效沟通	10 分		
	3. 能进行有效的团队分工	10 分		
情感态度	1. 具有团队合作精神	10 分		
	2. 能倾听他人意见	10 分		
	3. 能在团队中主动承担任务	10 分		
	4. 语言规范、 表达清晰	10 分		
总分		100 分		

项目二
团队的沟通技巧

 项目描述

在团队中，有效沟通是维护团队整体性的一项十分重要的工作，也可以说是一门艺术。如果说纪律是维护团队完整的硬性手段，那么沟通则是维护团队完整的软性措施，它是团队的无形纽带和润滑剂。因此，掌握必要的团队沟通技巧，了解规避冲突的方法成为商务人士必修的一门学问。

 项目情境

终于到了年终，小王兴冲冲来到会计部宁经理的办公室，他问道："宁经理，你说过只要我们部将今年的年终报表做好就可以加 5% 工资，是吧？"

"我是说过，小王，可是……"宁经理说道，"可是你知道公司有一套薪金、晋升的规定和程序，并不是我可以随意更改的事，嗯，我向总部申请看看吧。"

"啊？宁经理，我们部的员工都是在你这句话的鼓动下才加班加点完成工作的呀，小李还带病坚持工作呢，现在这个结果让我怎么跟他们说呢……"

"好吧，别不高兴，我一定会向总部提出申请，表彰你们的辛苦工作，一定会的，我保证。"

但是小王还是带着失望的表情离开了宁经理的办公室。

著名的马丁·路德说过，人与人不能相处，是因为他们心存害怕；他们心存害怕，是因为他们彼此不了解；他们彼此不了解，是因为他们没有好好沟通。所以，每个团队成员需要在日常生活中多多沟通，这样大家才能了解彼此，相处得融洽；坦诚相待，以平等协商的方式和态度相互沟通，培养团队成员之间的感情；彼此之间善于倾听，理解彼此，善用双向沟通和反馈，这样团队成员才能相互理解、坦诚相待。

 项目分解

任务 20　小团体沟通及其基本技巧

任务 21　团队冲突及应对方法

任务 20　小团体沟通及其基本技巧

学习目标

技能目标

——掌握小团体沟通的基本技巧。

——能成功自如地与小团体的其他成员沟通。

知识目标

——了解小团体沟通的定义。

——了解小团体沟通的细节。

 工作任务

王伟是一位非常优秀的销售人员，对工作十分投入，每次销售会议上都会慷慨陈词，提出一个又一个意见，"我觉得应该这样……""我想这肯定是因为……""这件事情必须……"而且每次他都要据理力争，直到同事自动退出争论为止。

渐渐地，很多时候王伟提出意见时，同事们都不和他争执了，甚至不愿意与他共同讨论问题。

王伟很是苦恼，难道积极提意见也是错误的吗？

任务分析

有效的沟通要遵循以下五点原则：

（1）双向互动的交流。好的沟通是双向的，是一个互动的过程，绝不是你说我听。

（2）取得一致的观点和行动。最后尽管意见有分歧，但可以达成共识。

（3）能提供准确的信息。

（4）获得正确的结果。

（5）双方的感受都是比较愉快的。尽管我可能不完全赞成你的意见，甚至保留了自己的意见，但谈话是建设性的，让人感到舒服。

遵循以上原则，掌握恰当的沟通技巧，是职场成功的要素，也是促进团队和谐发展的重要手段。

工作步骤

步骤1　积极倾听

听可以分成若干层次。

（1）听而不闻　左耳朵进，右耳朵出。

（2）假装聆听　假装很认真地听，是否理解不确定。

（3）择而听之　有用的信息就听，没用的信息就打断。

（4）积极倾听　设身处地站到对方的立场和观点，理解对方为什么说这番话。

因此，听与积极倾听不是一回事。积极倾听的过程一定要遵循以下五点原则。

（1）听的过程中要有目光接触，要看着对方的眼睛。

（2）不要打断对方。迫不及待地插话，中断他人的谈话，是相当不礼貌的行为，他人也可能受到打击。

（3）不要急于下结论，听完要斟酌。

（4）一定要集中注意力，聚精会神地听。

（5）积极给予反馈，这种反馈并不是做价值判断，也不是做别人的老师。

 特别提醒

不良的倾听习惯：① 打断别人的说话；② 经常改变话题；③ 不能抑制个人偏见；④ 生对方的气；⑤ 不理解对方；⑥ 评论讲话人而不听讲话人发表的意见；⑦ 贬低讲话人；⑧ 在头脑中预先完成讲话人的语句；⑨ 只注意听事实，不注意讲话人的感情；⑩ 在对方还在说话时就想如何进行回答。

步骤 2 有效表达

积极倾听是双向沟通的一个方面，好的沟通者同时也应该是一个有效的表达者，听和说同样重要。有效表达一般遵循以下五个原则。

1. 对事不对人

"事"指的是一种行为，就是说过什么，做过什么；"人"是指一个人的个性特点和品质。所以，第一个原则也可以理解为"谈行为而不谈个性"。

谈个性很容易引起对方的误解，产生抗拒和逆反心理，从一开始就建立一个比较负面的基础。比如责备一个人总是这么懒，一个月迟到好几次，这就是对一个人个性的评述。对方可能就说：我怎么老是迟到，我不就迟到了两次吗，我以前不迟到的时候，怎么从来不表扬我？

如果换成谈行为的方式，可能就不存在这样的问题。"小刘，这是你第二次迟到，第一次迟到是在上星期三，能不能告诉我什么原因？"这里面谈的就是行为。

2. 坦诚自己的真实感受

第二个原则是坦诚自己的感受。许多领导者总认为不应该将自己的感受说出来，而事实上，将真实的想法说出来后，往往会得到对方的谅解，甚至帮助。承认自己的不足，有助于建立良好的双向关系，同时也会让对方感受到你的真诚。当然，领导者也不能过于频繁地说自己的不足，这样会引起反面效果，要掌握适度原则。

3. 多提建议，少提主张

第三个原则是多提建议，少提主张。建议指的是提出自己的观点和方法，由对方自己去做决定；主张是让对方接受自己的观点和想法，带有强迫对方接受的意味。

一项调查表明，提建议的时候，对方认可的可能性为 42%，但提一个主张的时候，对方认可的可能性只有 25%，而不管你的态度有多强硬，压力有多大，接受的可能性都在降低；提建议的时候，反对的可能性占 18%，但提一个主张，反对的可能性则是 39%，因此，多提一些建设性的意见比主张更有效。

4. 充分发挥语言的魅力

在沟通的过程中，还需要充分发挥语言的魅力。比如要把"你"和"你们"，变成"我"和"我们"，这样沟通双方可以更贴近；要把"应该"变成"可能"；把"但是"变成"是""同时""如果"；把"试着"变成"将会"；把"为什么"变成"是什么"。

5. 让对方理解自己的意思

让对方理解自己的意思有以下三种做法。

（1）用对方能够理解的语言去说话。

（2）KISS 原则   KISS 是英文短语 Keep It Simple & Short 的缩写，即保持简洁的谈话

原则。

（3）Bra-a 表达技巧　Bra-a 是由 Benefit（利益）、Reason（原因）、Action（行动）、Ask（询问）四个单词首字母缩写而成，其含义：B——定期与员工谈话，向员工展示团队愿意并可以为大家创造的价值，提升员工对你的信任；r——员工非常需要领导关注和关心自己，也希望将自己的想法及时告知领导；a——具体做法是每月安排一次与员工的正式谈话，总结上月的工作情况和了解下月工作计划，并借机征询员工的建议；a——询问员工"你觉得这样做如何？"

步骤 3　注重非语言沟通

非语言沟通是指人们从语言中包含的指示或语言之外的提示中解析出的含义。人们常常忽视眼神、声音、面部表情和身体中存在的非语言信息。这在小团体沟通中显得尤为重要。他人对你的看法，包括你的能力、可信度、亲和力，与你的非语言沟通有直接的关系。

（1）运用肢体语言　内向的成员不善于抓住说话的机会，需要有人帮他们一把。要帮助他人参与沟通，根本在于你的关注。可以通过保持目光接触和用让他人感到舒服的姿势，为他人着想。

（2）表现出强烈的自信　假如有一个令你兴奋、激动的主意，但你又担心面临质疑。在阐述这个想法时，假如你全力以赴，你的表情、身体、嗓音都能表露出积极的情绪，他人会受这种情绪的感染，接受你的建议。因此，沟通时，需要表情、身体、声音、演讲能力的全力支持，使你传递的信息有趣、可信。

特别提醒

　　常见肢体语言如下：

消极的身体语言	积极的身体语言
远离你	思考地点头
快速点头	身体朝你
捂着鼻子	正面向你
有限的目光接触	理解的附和声
看天	身体放松
捂嘴巴	
握紧拳头	
急促呼吸	
身体后倾	

知识平台

一、认识小团体沟通

1. 小团体沟通的定义

"沟"指水道；"通"即贯通、往来、通晓、通过、通知。沟通是一种信息的双向甚至多向交流，将信息传送给对方，并期望对方做出相应反应的过程。

所谓小团体沟通（small-group communication），是指三至二十人不等的团体交换语言及非语言资讯，企图彼此相互影响的过程。小团体与团体的主要区别仅在于小团体对人数有明确的限制。

2. 小团体沟通的构成要素

（1）团队成员的角色分担　每个团队都由若干个成员组成，这些成员在团队成立之后到团队解体之前都扮演着不同的角色。按照团队成员扮演的角色是否对团队工作起到积极作用，可以将团队成员分成两大类：积极角色和消极角色。

积极角色包括领导者、信息搜寻者、协调者、评估者、激励者、追随者、旁观者。

领导者：能为团队工作设想出最初方案的成员。其行为包括明确问题，为解决问题提出新思想、新建议。职能包括计划、组织、领导、控制。

信息搜寻者：收集第一手信息，对企业信息收集作出贡献。

协调者：能协调团队活动、整合团队成员不同思想或建议、减轻工作压力、解决团队内分歧的成员。

评估者：分析方案、计划的成员。

激励者：保持团队凝聚力的成员。

追随者：按计划实施工作的成员。

旁观者：能以局外人的眼光评判团队工作并给出建设性意见的成员。

消极角色包括自我标榜者、支配者、逃避者。

自我标榜者：总想通过自吹自擂、夸大其词寻求他人认可的成员。

支配者：试图操纵团队、干扰他人工作以便提高自己地位的成员。

逃避者：总是与他人保持距离，对工作消极应付的成员。

（2）团队内成文或默认的规范　规范是指团队成员所共同遵守的一套行为标准，可以以明文规定的方式存在。

（3）团队领导者的个人风格　意大利经济学家帕累托在19世纪末提出了著名的"二八法则"，认为：在任何特定的群体中，重要的因子通常只占少数，反映在数量比例上大约是2∶8，只要控制重要的少数，即能控制全局。因此，领导者角色在团队中的作用举足轻重。领导者个人的性格特征、管理风格同团队沟通是否有效密切相关。

 特别提醒

良好的沟通能力是构成事业基础的一个要项。能简明、有效地交代自己的意思，又能清楚地了解别人的用意，就拥有最好的机会。

——Robert Beck
美国保德信人寿保险公司总裁

相关链接

团队沟通不畅的原因

（1）成员缺乏基本常识，根据自己的理解随意沟通。

（2）团队内部等级观念强，部分成员不能平等地对待他人。

（3）措辞不当，表达内容空洞，不能换位思考，不能引起对方的兴趣。

（4）想当然地认为其他人知道这些消息。

（5）工作时间安排不当，团队内部没有时间进行沟通。

（6）不习惯倾听，只习惯于表达自己。

（7）成员缺乏互信，管理者缺乏沟通意识。

二、小团体的特征

（1）团体中的人有意从事彼此间的沟通。

（2）小团体涉及面对面的互动。

（3）小团体通常包含二至二十人不等，且以共同的兴趣相结合。

（4）小团体通常经过一段时间的沟通。

三、小团体沟通的细节

成功的沟通有两个关键的因素：给予有用的信息和收集有用的信息。一方面，我们想要陈述自己的观点，清晰、公正、有说服力。另一方面，我们需要倾听别人的观点，这是成功的交流所必需的。

在小团体沟通的过程中，必须注意如下细节。

（1）时刻保持微笑。

（2）注意眼神变化给沟通带来的效果（图5-2）。

（3）时刻保持落落大方的仪表。

（4）运用恰当的肢体语言（图5-3）。

（5）音量适度且不造作。

（6）适当的距离产生美。距离代表亲疏度：密友为0.5 m以下；一般为0.5~1.2 m；商务为1.2~2.4 m；公开演讲为3.6 m以上。

恐惧

诚恳

专注

图 5-2 眼神变化

图 5-3 恰当的肢体语言

拓展训练

1. 画图游戏

规则：全班分成若干小组，由老师分发事先设计好的图形，每组推荐一名表达能力强的学生将图形表述出来，不用任何手势和辅助工具。每位学员根据描述人的表述画出图形。

注意：描述人只重复一次，不能提问；不允许交头接耳进行讨论；时间一到立即停止；利用一分钟时间写感想。

2. 对照沟通的技巧和细节，检查你在团队沟通中存在哪些问题，应该如何改进？

任务评价

评价项目	评价要点	权重	自评	师评
知识掌握	1. 了解小团体沟通的定义	10分		
	2. 掌握小团体沟通的要点	10分		

続表

続表

评 价 项 目	评 价 要 点	权重	自评	师评
知识掌握	3. 掌握小团体沟通的原则	10 分		
	4. 掌握有效沟通的步骤	10 分		
技能运用	1. 能组织小团体沟通	10 分		
	2. 能恰当运用沟通技巧	10 分		
	3. 能运用沟通步骤实施有效沟通	10 分		
情感态度	1. 能倾听他人	10 分		
	2. 能在团队中主动承担任务	10 分		
	3. 语言规范、 表达清晰	10 分		
总分		100 分		

任务21 团队冲突及应对方法

学习目标

技能目标

——能判断冲突的类型。

——能选择合适的应对模式。

知识目标

——了解冲突的含义。

——掌握应对冲突的基本模式。

工作任务

　　为了提高软件部的开发能力，阮经理向人力资源部提出了用人申请，很长时间过去了，人力资源部没有能够提供这样的程序员。 看看【任务分析】中阮经理和人力资源部的任经理是怎么对待这件事的。

 任务分析

情境一：采取竞争方式

阮 经 理	任 经 理
阮经理生气地说："当初让你们招人时，你们可没说这么多，也没说招不到。这么长时间过去了，才招到一个人，真不知你们人力资源部整天都在忙什么！不管怎么说，软件开发部要是完不成任务，你们人力资源部有不可推卸的责任……"	任经理辩解道："现在做广告效果也不好，人才交流会哪有什么好人才。请猎头公司帮忙招人，老总又觉得费用高，不同意。让我们怎么办？再说了，你们部门提出的用人要求不对，条件太高了，你们要求的那种人以咱们公司的薪资水平根本请不来。招得到的，你们又不满意。"

任务分析：

结果一：发生激烈的争吵，甚至将官司打到老总那里去，让他评出一个是非曲直，双方的裂缝和矛盾不断加大，可能会影响到其他的合作，甚至因这次冲突而产生个人恩怨。

结果二：问题得不到解决。争吵半天，问题一个都没解决，而且在争吵当中，不仅浪费时间和精力，还造成新的问题。

结果三：只好由双方的上司来"摆平"。人力资源部上面有人事副总，软件开发部上面有技术副总，产生高层之间的矛盾，由招聘的事影响到业务推广的大局。

结果四：将两个部门的各自成员都拖入这场冲突当中，引发更大范围的不和。

结果五：问题的根源还在。即使老总采取强硬或怀柔的办法消除了这场冲突，将来在其他工作上可能仍会出现冲突。

情境二：采取回避方式

阮 经 理	任 经 理
"你们人力资源部不能按时给我招聘到程序员，我也不去找你要。我该怎么干还怎么干，软件开发部现在有几个人，我们就干几个人的活，那没办法，谁让招不来人啊！到时候完不成任务，总经理问起来，我也有的说，是人力资源部招不来人，不是我们软件开发部不干活。"	"我也不说你软件开发部职位描述不清楚等问题。我就按你提出的条件帮你招，招来你愿不愿意留下，那是你软件开发部的事。反正省下招聘费用也是公司的，我自己一分钱也拿不回家。只要有人才招聘会，能给你招尽量给你招，这也是对工作负责任，但实在招不到我也没办法！到时候总经理问起，我就实事求是。现在人才市场竞争这么激烈，软件开发方面的人才本身就少，再说软件开发部要求又那么高，招不来是正常的。我也尽心尽力了，也对得起公司了！"

任务分析：

结果一：矛盾潜伏下来，等到某一日回避不了时，冲突就爆发了。

结果二：问题没解决还带来连锁反应，导致形成一种团队规则，凡遇到可能引起冲突的工作都躲着走，整个团队绩效降低。

结果三：解决问题的时机错过或拖延，增加了今后解决问题的成本。

结果四：公司的事情没人管。团队成员明哲保身，不求有功，但求无过。

情境三：采取迁就方式

阮　经　理	任　经　理
阮经理对人力资源部不能按时招到五位程序员采取迁就态度，在总经理面前说好话："任经理他们也不容易，又是联系打广告，又是上人才交流会，连星期六、星期日都不能休息，还要忙着面试。虽然只招到一个人，也比一个没招到强。现在人才市场竞争这么激烈，软件开发人员本来就缺乏，再加上咱公司给的工资也不多，哪那么容易招？ 他们也确实尽力了，再给他们一个月时间吧！"	任经理对阮经理说好话毫不领情："我们每次有招聘会都会为你们招，实在招不到我也没办法，不用说再给我一个月的时间，就是十个月，该招不到还是招不到。"

任务分析：

结果一：冲突暂时被防止，也许以后不再发生此类矛盾，也许以后又会重复发生。

结果二：一方总要做出牺牲和让步，这种让步表面上看来是以牺牲某个部门或某个团队成员的要求、权利和利益为代价，实质上是牺牲了整个团队利益，换取了暂时的合作。

结果三：管理严谨的企业是环环相扣的，一般很难做出较大让步，或者说，让步几乎没有余地。说明这个团队成员要么工作不重要，要么整个公司的管理是懈怠的。

结果四：如果让步总能换来安稳和团队，谁不愿让步呢？ 当让步形成一种团队风气或传统时，团队绩效无疑会不断下降。

结果五：团队成员平等关系破坏，培养了部分"牛人"。

情境四：采取妥协方式

阮　经　理	任　经　理
"你们虽然没有按时为我们招到人，我们也很清楚你们确实做了许多工作。你不知道，这一阵要开发新软件，每天一大堆事，又是技术问题，又是人员安排问题，事太多，手底下的人手又不够用，真是忙不过来！我抽时间把职位描述写得再清楚点，这事就先这样吧！招来一个人先让他干着，下个月你们一定得尽量帮我们招到人。否则到时候完不成工作任务，公司老总怪罪下来，我们谁都不好交代。你说是吧？"	"上个月没给你们招到五个人，真是不好意思，影响你们工作了，我有责任。你可能不知道现在人才市场竞争有多激烈，新成立了许多软件公司，本来软件开发人才就缺乏，再加上咱公司给的工资又不算高。我说咱们用人这么急，又想要水平高的，就找猎头公司帮我们招，可老总又嫌费用高！这个月我再去找老总说说，多拨点招聘费，努力一把争取这个月把人招到。你看怎么样？"

任务分析：

结果一：表面上，事情得到了"圆满"的解决，团队的团结与"友爱"得到维护，一团和气，甚至皆大欢喜。

结果二：处理冲突的成本较低，又能维护团队成员的面子和平等关系，又能很快处理分歧，操作容易。

结果三：丢失原则。 本来应该坚持的制度、规则和目标要求等，可能就在妥协当中被放弃，从而引起公司管理松懈、纪律松弛、目标降低等一系列"并发症"。

结果四：以延误工作为代价。

结果五：问题非但没有得到根本解决，且等到双方都无法妥协的时候一齐爆发。

情境五：采取合作方式

阮 经 理	任 经 理
"你们人力资源部一向对我们软件开发部的工作很支持，我们真是从心里表示感谢！可这次招聘程序员的事可能有些问题，比如：软件开发部对职位描述得不太清楚，我回去重新写一份。你看你还有什么不太清楚的地方，或是需要软件开发部配合的地方，你别不好意思说，咱们不都是为把工作做好吗！"	"招聘的职位描述是写得简单了点，其实，这也不能全怪你们。我向搞人力资源管理的专家咨询了一下，关于职位描述说明书的事，应该由人力资源部来组织，总经理参与，并组织包括你们软件开发部在内的专家组来评议。这件事我马上就办。我也向总经理请示，这个月全力以赴为你们招人，为你们解决人手不够的问题。放心吧！你们的任务也是我们的任务。"

任务分析：

结果一：问题被事先预防或被消灭在萌芽状态。

结果二：影响团队合作的某个问题得到彻底的解决或根除。由于是从对方的角度、从整个团队目标的角度考虑问题，本次的良好合作将出现良好的循环，此类问题也将得到防止或大大降低了出现的概率。

结果三：团队价值得到提升。

结果四：双方的工作目标均得以达成。

工作步骤

步骤1 正确看待冲突

传统观点是掩杀。认为冲突是不良或消极的；表明团队内功能失调；原因可能很多。采取的态度是避免冲突。现代观点是接纳。认为冲突与生俱来，无法避免或被彻底消除；和平安宁是对变革的冷漠、静止和迟钝；适当冲突能保持团队旺盛的生命力，有利于自我批评和不断创新。采取的态度是接纳冲突，对团队绩效有益，使冲突的存在合理化。

 相关链接

冲突所引发的正面与负面作用

冲突能引发正面作用，同时也有负面作用，问题在于怎么看待冲突。冲突不见得都是坏事，它跟压力一样，压力可以使人振作，有时也会把人压垮。要正视冲突，不要回避冲突。事实上，有冲突的团队，才能更加健康。

心理学家罗伯尔曾经说过："团队冲突如同一把刀，可以为我们所用也可以把我们割伤，这一切取决于你握住的是刀柄还是刀刃。" 冲突可以把团队冲垮，也可以使之振作起来，这都取决于如何面对冲突，如何选择合适的应对模式。善于利用冲突并能转化成为动能的人，较易有成就。

步骤 2 准确判断冲突

团队中的冲突是一把双刃剑，根据处理方法的不同，冲突通常被划分为建设性冲突和破坏性冲突两种类型。

1. 建设性冲突

建设性冲突是支持团队目标并增进团队绩效的冲突。

（1）表现方式　沟通、妥协、变通、理解、合作。

（2）影响作用　内部的分歧与对抗，能激发潜力和才干；带动创新和改变；冲突暴露恰如提供一个出气孔，使对抗的成员采取联合方式发泄不满，否则压抑怒气反而酿成极端反应；有利于对组织问题提供完整的诊断资讯；两大集团的冲突可表现它们的实力，并最终达到权力平衡，以防无休止地斗争；冲突可促使联合，以求生存或对付更强大的敌人，或联合垄断市场。

2. 破坏性冲突

破坏性冲突是团队中具损害性的或阻碍目标实现的冲突。管理者必须消除这种冲突。

（1）表现方式　对抗、不沟通、不妥协、不变通、不合作。

（2）影响作用　使人力、物力分散，减低工作关心；造成紧张与敌意，凝聚力降低；持续的人际冲突有损情绪或身心健康；制造"我们—他们"的对立态势；有可能导致事实真相的扭曲。

步骤 3 合理应对冲突

（1）冲突处理的目标　分析冲突的性质，控制冲突的程度，大力倡导建设性冲突，坚决扭转破坏性冲突。冲突处理策略必须服从于组织文化和发展战略。

167

（2）冲突处理的原则　对破坏性冲突，切记防范重于治理，与其扬汤止沸，不如釜底抽薪，且一定要快刀斩乱麻。而对建设性冲突，则要加以鼓励和刺激，以树立创新导向。

（3）冲突处理的立场　提倡换位思考，让对方舒服了我才能舒服；对方难受，我的要求也得不到满足；互相满足才能建立长久的合作。

相关链接

基本的交往立场

- 我好，你好：这是健康的立场。
- 我好，你不好：这是一种不信任他人、怀疑他人的立场。
- 我不好，你好：这个立场反映出人们的自卑心理。
- 我不好，你不好：持这种立场的人有明显的反社会倾向。

知识平台

一、认识团队冲突

1. 冲突的类型

（1）冲突层次之一——个人内心的冲突（图5-4）。

（2）冲突层次之二——个人间的冲突（图5-5）。

图5-4　个人内心的冲突

图5-5　个人间的冲突

（3）冲突层次之三——群体内部的冲突（图5-6）。

（4）冲突层次之四——群体间的冲突（图5-7）。

图 5-6　群体内部的冲突　　　　　　　　图 5-7　群体间的冲突

（5）冲突层次之五——部门间的冲突（图5-8）。

图 5-8　部门间的冲突

（6）最高层次的冲突——国家间的冲突。

2. 冲突的含义

冲突是有关双方在观念和行为上的对立或对抗，是一种在满足各自需要的过程中遇到挫折、阻力，或力图超越现状时的心理紧张和压力及其外部表现。

3. 冲突的根源和必然性

冲突根源于冲突各方利益追求的多样化且趋向无限大，但社会或组织所能供给的资源却十分有限。所以，冲突是无所不在的。

二、冲突处理的基本模型

冲突处理的基本模型即托马斯–基尔曼模型，如图5-9所示。

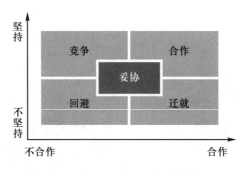

图 5-9　托马斯–基尔曼模型

1. 竞争方式

牺牲他人利益换取自己的利益，以权力为中心，为实现自己的主张，可以动用一切权力，包括职权、说服力、威逼利诱，又称强迫式。

缺点：不能触及冲突的根本原因，不能令对方心服口服。

行为特点：对抗的、武断的、挑衅的，为了取胜不惜任何代价。

采用理由：适者生存/优越性必须得到证明/于情于理多数是我对。

例：试图向别人证实自己的结论是正确的，而他人是错误的；或出现问题时试图让别人承担责任。

何时适合采取竞争方式：当快速决策非常重要时，如紧急情况；执行重要且又不受欢迎的行动计划时，如缩减预算、执行纪律；对公司是重要的事情，你深知这样做是对的；对待企图利用你的非竞争行为的人。

2. 回避方式

一个人意识到了冲突的存在，但希望逃避它或抑制它；既不合作，也不维护自身的利益，采取一躲了之。回避可以维持暂时的平衡，却不能最终解决问题。

行为特点：不合作的、不武断的，忽视或放过问题，否认这是个问题。

采用理由：分歧太小或太大，难以解决；解决分歧的意图也许会破坏关系或产生更严重的问题。

例：试图忽略冲突，回避其他人与自己不同的意见。

何时适合采取回避方式：当事情不是很重要；当自己的利益无法满足时；面对冲突带来的损失会大于解决问题带来的利益；获取更多信息比立刻决定更有优势；当他人能更有效地解决冲突。

3. 迁就方式

一方为了抚慰另一方，则可能愿意把对方的利益放在自己的位置之上。迁就是为了维持相互关系，一方愿意自我牺牲，屈从于他人观点。迁就他人自然会受到欢迎，但也被认为是软弱的表现。

行为特点：宽容，为了合作，不惜牺牲个人目标。

采用理由：不值得冒险去破坏关系或造成普遍的不和谐。

例：尽管自己不同意，还是支持他人的意见；或原谅某人的违规行为并允许他继续这样做。

何时适合采取迁就方式：当你认为自己错了；当事情对他人更具有重要性；为将来重要的事情建立信用基础；当竞争只会损坏你要达成的目标；当和谐比分裂更重要；帮助员工发展，允许他们从错误中吸取教训。

4. 妥协方式

当双方都愿意放弃某些东西，而共同分享利益时，则会带来折中的结果。妥协的目的在于快速得到一个双方可以接受的方案。没有明显的输家和赢家，对非原则性的问题较为适合。

行为特点：中等程度的合作和武断，半块面包总比没有面包好，双方都应该达到基本目标。

采用理由：没有一件事可以十全十美，既然客观上难以尽善尽美，有时候不妨退一步求其次。

例：愿意接受每小时 1 元的加薪，而不是自己提出的每小时加薪 2 元的要求。

何时适合采取妥协方式：当目标的重要性处于中等程度；双方势均力敌；寻找复杂问题的暂时性解决方法；面对时间压力；合作与竞争方法失败后的预备措施。

5. 合作方式

主动与对方一起寻求解决问题的办法，互惠互利，双方的意图是坦率澄清差异并找到解决问题的办法，而不是迁就不同的观点；合作是一种双赢策略，通常受欢迎。

缺点：费时长，解决思想冲突并不合适。

行为特点：双方的需要都是合理且重要的，相互支持，高度尊重，合作解决问题。

采用理由：当双方公开坦诚地讨论问题时，就能找到互惠的解决方案，无须任何人做出让步。

例：寻求综合双方见解的最终结论。

何时适合采取合作方式：双方利益都很重要而不能折中，力求一致的解决方案；当你的目标是学习，测试你的假想，了解他人的观点；需要解决问题的不同角度；获得他人的承诺，决策中蕴涵着他人的主张。

 特别提醒

五种处理模式的结果：① 竞争、迁就——赢一输；② 回避——双输；③ 妥协——介于输赢之间；④ 合作——双赢。

处理冲突要避免的问题

（1）过度理性，对负面情绪视而不见。

（2）认为处理冲突是对人不对事。

（3）处理冲突是自己一方的责任。

（4）只有对方需要改变。

（5）等对方先行动以表达自己的善意。

拓展训练

1. 说一说

对照本节的"任务分析"环节，请说一说五种处理方式可能导致的结果。

2. 测一测

TKI 冲突处理模式量表

说明：以下 30 组句子分别描述了人们不同的行为反应，选出你认为最符合你行为特征的描述，圈出句子前面的字母。也许两种描述和你的行为都不是十分相似，但是，请你从中选择一个和你的行为比较接近的描述。

1.　　A　　有时，我会让别人来承担解决问题的责任。

　　　　C　　在协商时，我强调共同点，而不是针对不同点。

2.　　D　　我努力寻求折中的解决方案。

　　　　E　　我试图考虑到别人和自己关切的全部事情。

3.　　B　　我总是坚定地追求自己的目标。

　　　　C　　我也许会为了维护关系而尽量安抚别人的情绪。

4.　　D　　我努力寻求折中的解决方案。

　　　　C　　有时，为了满足他人的意愿，我会牺牲自己的意愿。

5.　　E　　为了解决问题，我不断寻求别人的协助。

　　　　A　　我尽量避免产生无端的紧张气氛。

6.　　A　　我尽量避免给自己带来不愉快。

　　　　B　　我努力使别人接受我的立场。

7.　　A　　我尽量把问题延后，直到自己有时间对此进行仔细的考虑。

D 　我会放弃自己的一些观点，来换取别人放弃他们的一些观点。

8. 　B 　我总是坚定地追求我的目标。

E 　我尽量把所有的忧虑和问题公开化。

9. 　A 　我觉得差异并不总是值得担忧的。

B 　我努力按照自己的方式做事。

10. 　B 　我总是坚定地追求我自己的目标。

D 　我努力寻求折中的解决方案。

11. 　E 　我尽量把所有的忧虑和问题公开化。

C 　我也许会为了维护关系而尽量安抚别人的情绪。

12. 　A 　有时，我不会坚持自己的立场，以避免不必要的争论。

D 　如果别人接受我的部分观点，那么我也会接受他们的部分观点。

13. 　D 　我选择保持中庸之道。

B 　我竭力坚持自己的观点。

14. 　E 　我告诉别人我的观点，并询问他们的观点。

B 　我努力让别人看到我的观点的逻辑性和好处。

15. 　C 　我也许会为了维护关系而尽量安抚别人的情绪。

A 　我会做一切的努力以避免紧张气氛。

16. 　C 　我尽量不伤害他人的感情。

B 　我努力阐述我的观点的好处，以此说服别人。

17. 　B 　我总是坚定地追求自己的目标。

A 　我尽量避免产生无意义的紧张气氛。

18. 　C 　我也许会允许别人保留他们的看法，如果这样做可以让他们感到愉快。

D 　如果别人接受我的部分观点，那么我也会接受他们的部分观点。

19. 　E 　我尽量把所有的忧虑和问题公开化。

A 　我尽量把问题延后，直到自己有时间对此进行仔细的考虑。

20. 　E 　我试图立刻解决我们之间的差异。

D 　我努力寻求双方的得失平衡。

21. 　C 　在进行协商的时候，我尽量考虑别人的意愿。

E 　我总是倾向于直接讨论问题。

22. 　D 　我试图在自己的观点和别人的观点之间寻求折中。

B 　我坚持自己的意愿。

23. 　E 　我总是希望能够满足所有人的意愿。

A 　有时，我会让其他人来承担解决问题的责任。

24.   C   如果别人的想法对他来说很重要，那么我会尽量满足他。

       D   我尽量让别人接受大家都让一步。

25.   B   我努力让别人看到我的观点的逻辑性和好处。

       C   在进行协商时，我尽量考虑别人的意愿。

26.   D   我选择保持中庸之道。

       E   我总是希望能够满足所有人的意愿。

27.   A   有时，我不会坚持自己的立场，以避免不必要的争论。

       C   我也许会允许别人保留他们的看法，如果这样做可以让他们感到愉快。

28.   B   我总是坚定地追求我的目标。

       E   为了解决问题，我通常向别人寻求协助。

29.   D   我选择保持中庸之道。

       A   我觉得差异并不总是值得担忧的。

30.   C   我尽量不伤害别人的感情。

       E   我总是和别人共同探讨，共同解决问题。

请数一数各个字母被圈的次数，总和应该是 30。

A：（　　　）

B：（　　　）

C：（　　　）

D：（　　　）

E：（　　　）

将统计出的数字以小圆点的形式分别标在下图中，并将这些小圆点连接起来。

	A 回避型	B 竞争型	C 迁就型	D 妥协型	E 协作型
12					
11					
10					
9					
8					
7					
6					
5					
4					

	A 回避型	B 竞争型	C 迁就型	D 妥协型	E 协作型
3					
2					
1					
0					

说明：曲线比较多的形状是钩形、W 形、V 形。

每个人对事情重要性和人际关系的重要性都会有自己的原则和判断，然后采取相应的处理方式。比较好的方式如下：

事情重要性	低（L）	一般（M）	高（H）
人际关系重要性高（H）	C 迁就		E 协作
人际关系重要性一般（M）		D 妥协	
人际关系重要性低（L）	A 回避		B 竞争

任务评价

评价项目	评价要点	权重	自评	师评
知识掌握	1. 熟知冲突的概念	10 分		
	2. 具备判断冲突类型的能力	10 分		
	3. 能正确认识冲突	10 分		
技能运用	1. 掌握应对冲突的五种模型	10 分		
	2. 选择合适的应对方式	20 分		
	3. 预测每一种应对方式可能带来的结果	10 分		
情感态度	1. 精神集中	10 分		
	2. 合作学习	10 分		
	3. 活动参与度高	10 分		
总分		100 分		

模块六
商务谈判

　　谈判是一门科学，也是一门艺术，它在社会政治经济生活中几乎无处不在。随着我国市场经济的发展，加入世界贸易组织后，我国在世界经济一体化过程中的步伐正在不断加快，工商企业大量利用外资，引进技术，同外国企业的各种贸易活动与日俱增，各种商务往来、寻求合作与支持，都离不开谈判。可以说，我们比以往任何时候都更需要了解和掌握商务谈判技能。

　　本模块的主要学习内容如下：

　　（1）商务谈判概述。

　　（2）谈判前的相关信息收集及谈判人员的准备。

　　（3）商务谈判开局阶段的概述及基本策略。

　　（4）商务谈判磋商阶段的基本定义及基本策略。

　　（5）商务谈判成交阶段的基本内容及策略。

　　（6）商务谈判的谈判观察技巧。

项目一
认识商务谈判

项目描述

　　谈判是人类交往行为中一种相当广泛、普遍的社会现象。而商务谈判是一项涉外商务活动，是买卖双方为了促成交易，并取得各自的经济利益而进行的活动。本项目主要介绍商务谈判的基本定义、特点，让同学们体会其基本内涵，掌握商务谈判的原则。

项目情境

　　两个孩子分到一个橙子，他们讨论如何分这个橙子。两个孩子吵来吵去，最终达成了一致意见，由一个孩子负责切橙子，而另一个孩子先选橙子。然后，他们按照商定的办法各自取得了一半橙子，高高兴兴地回家了。

　　一个孩子把半个橙子拿回家，把皮剥掉扔进了垃圾桶，把果肉放入榨汁机中打果汁喝。另一个孩子回到家，把果肉挖掉扔进了垃圾桶，把橙子皮留下来磨碎，混在面粉里烤蛋糕吃。

　　可以看出，虽然两个孩子各拿到了看似公平的一半，然而，他们却未能物尽其用。这说明，他们在事先并未做好沟通，没有申明各自利益所在，导致双方盲目追求形式上和立场上的公平，结果，各自的利益并未在谈判中达到最大化。

项目分解

任务 22　商务谈判的特点与重要性

> **学习目标**
>
> 技能目标
> ——掌握商务谈判的内在要求。
> 知识目标
> ——理解商务谈判的定义。

工作任务

　　美国学者尼尔伦伯格认为，谈判是人们为了改变相互关系而交换意见，为了取得一致而相互磋商的一种行为，是一种能深刻影响各种人际关系和对参与各方产生持久利益的过程。

　　英国学者 P. D. V 马什在《合同谈判手册》一书中对谈判所下的定义是："所谓谈判是指有关各方为了自身的目的，在一项涉及各方利益的事务中进行磋商，并通过调整各自提出的条件，最终达成一项各方较为满意的协议这样一个不断协调的过程。"

　　《现代汉语词典》将谈判解释为：有关方面对有待解决的重大问题进行会谈。其实谈判也有狭义和广义之分。狭义的谈判，即指为解决较为重大的问题，在正式专门场合下进行的会谈；而广义的谈判，则包括各种形式的"交涉""洽谈""协商"等。作为探讨谈判实践内在规律的谈判理论，主要以建立在广义谈判基础之上的狭义谈判为研究对象。

任务分析

　　准确把握商务谈判的基本内涵，才能为商务谈判的成功打下基础。因此，同学们必须掌握谈判的基本内涵及商务谈判的定义，以后在商务谈判实战中才有成功的可能性。

工作步骤

步骤 1　理解谈判的含义

谈判，包含"谈"和"判"两个紧密联系的环节。谈，即说话或讨论，就是当事人明确阐述自己的意愿和所要追求的目标，充分发表关于各方应当承担和享有的责、权、利等看法；判，即分辨和评定，就是当事各方努力寻求关于各项权利和义务的共同一致的意见，以期通过相应的协议正式予以确认。谈是判的前提和基础，判是谈的结果和目的。

谈判是指参与各方在一定的时空条件下，为了协调彼此之间的关系，满足各自的需要，通过协商的方式而争取达到意见一致的行为过程。

步骤 2　明确商务活动的内容

商务活动可以分为四种：① 直接的商品交易活动，如销售、批发活动；② 直接为商品交易服务的活动，如运输、包装活动；③ 间接为商品交易服务的活动，如金融、保险活动；④ 具有服务性质的活动，如咨询、广告、信息服务活动。

步骤 3　掌握商务谈判的内涵

商务谈判，是指在商务活动中，买卖双方为了满足各自的一定需求，彼此进行交流、阐述意愿、磋商协议、协调关系、争取达到意见一致，从而赢得或维护经济利益的行为与过程。

步骤 4　理解商务谈判的重要性

商务谈判能帮助企业增加利润。对于一个企业来说，增加利润一般有三种方法：增加营业额、降低成本、谈判。

（1）增加营业额　它最直接，但也最难。因为在市场竞争日趋激烈的今天，争夺市场份额本身就是一件很难的事情；而且增加营业额往往也会增加费用，比如员工工资、广告费、业务员提成等导致企业的营业额可能增加很多，但扣除费用以后发现，利润却没怎么增加。

（2）降低成本　一般来说，企业降低成本的空间是有限的，降到一定程度就再也没法降了；而且降低成本还有可能降低产品的品质，反而损害了公司的长远利益。

（3）谈判　通过谈判，尽量以低价买进，高价卖出，一买一卖之间，利润就出来了。谈判是增加利润最有效也是最快的办法，因为谈判争取到的每一分钱都是净利润。比如企业的某产品通常售价是一万元，如果业务员谈判水平提高，售价提高到一万一千元，则提高的一千元完全是净利润；同样，企业在采购时所节省的每一分钱也都是净利润。

美国通用汽车是世界上最大的汽车公司之一。早期通用公司曾经启用了一个叫罗培兹的采购部经理，他上任半年，就帮通用汽车增加了净利润 20 亿美金。他是如何做到的呢？

汽车是由许许多多的零部件组成，其中大多是外购件，罗培兹上任的半年时间里只做了一件事，就是把所有的供应配件的厂商请来谈判，他说，我们公司信用这样好，用量这样大，所以我们认为，要重新评估价格，如果你们不能给出更好的价格的话，我们打算更换新的供应厂商。这样谈判下来，罗培兹在半年的时间里就为通用公司省下了 20 亿美金！

因此，美国前总统克林顿的首席谈判顾问罗杰·道森说："全世界赚钱最快的办法就是谈判！"

特别提醒

商务谈判，不单指收购某家公司或者签订几百万现金合同的谈判，而是涵盖日常公司活动中，与公司相关的利益群体就涉及双方共同利益的"谈判内容"进行协商、达成一致的过程。

知识平台

一、商务谈判的特点

1. 商务谈判以获得经济利益为目的

不同的谈判者参加谈判的目的是不同的，外交谈判涉及的是国家利益，政治谈判关注的是政党、团体的根本利益，军事谈判侧重的是敌对双方的安全利益。

在商务谈判中，谈判者以获取经济利益为基本目的，在满足经济利益的前提下才涉及其他非经济利益。虽然，在商务谈判过程中，谈判者可以调动和运用各种因素，且各种非经济利益因素也会影响谈判的结果，但其最终目标仍是经济利益。在商务谈判中，谈判者都比较注意谈判所涉及的重大经济利益，以及交流的成本、效率和效益。所以，人们通常以获取经济效益的高低来评价一项商务谈判的成功与否。不讲求经济效益的商务谈判就失去了意义和价值。

2. 商务谈判以价值谈判为核心

商务谈判涉及的因素很多，谈判者的需求和利益表现在众多方面，但价值几乎是所有商务谈判的核心内容。这是因为在商务谈判中，价值的表现形式——价格直接反映了谈判双方的利益。谈判双方在其他利益上的得与失，多数情况下都可以折算为一定的价格，并通过价格升降而得到体现。需要指出的是，在商务谈判中，我们一方面要以价格为中心，坚持自己的利益，另一方面又不能仅仅局限于价格，应该拓宽思路，设法从其他利益因素上争取应得的利益。因为，与其在价格上与对方争执不休，还不如让对方在其他利益因素上不知不觉地让步。这是进行商务谈判需要注意的。

3. 商务谈判注重合同条款的严密性与准确性

商务谈判的结果是由双方协商一致的协议或合同来体现的。合同条款实质上反映了各方的权利和义务，合同条款的严密性与准确性是保障谈判获得各种利益的重要前提。有些谈判者在商务谈判中花了很大气力，好不容易为自己获得了较有利的结果，对方为了达成合同，也迫不得已作了许多让步，这时谈判者似乎已经获得了这场谈判的胜利，但如果在拟订合同条款时掉以轻心，不注意合同条款的完整、严密、准确、合理、合法，被谈判对手在条款措辞或表述技巧上引入陷阱，这不仅会使到手的利益丧失殆尽，而且还要为此付出惨重的代价，这种例子在商务谈判中屡见不鲜。因此，在商务谈判中，谈判者不仅要重视口头上的承诺，更要重视合同条款的准确和严密。

4. 商务谈判是合作与冲突的对立统一

由于利益上的冲突，商务谈判中双方的行为企图一般都具有排斥性（冲突）。在谈判桌上，竞争与抗衡是第一位的，因为，没有冲突也就没有必要谈判。相反，如果只有排斥与冲突，没有协商与合作，谈判也进行不下去。也就是说，谈判双方的利益既有统一的一面，又有冲突的一面，所以，谈判的成功是一种对立统一。

5. 商务谈判是科学与艺术的有机结合

作为一门科学，商务谈判需要精密的计算、准确的数据、严格的推理、翔实的论证。谈判桌上差之毫厘，谈判桌下就可能谬以千里，绝对马虎不得。作为一门艺术，商务谈判需要揣摩对方的心理，观察场上的气氛，灵活掌握原则，恰当使用策略技巧，有原则而不呆板，精确而不死抠数字，极大程度地发挥主观能动性与创造性思维，既做得对，又做得好，这样才能取得较好的效果。

对于一个谈判者而言，在谈判中既要讲科学，又要讲艺术。在涉及对谈判双方实力的认定、对谈判环境因素的分析、对谈判方案的制订及对交易条件的确定等问题时，更多地体现出科学性的一面；而在具体谈判技巧的运用和谈判策略的选用上，比较多地体现谈判艺术性的一面。"科学"告诉我们在谈判中如何做，"艺术"则帮助我们将谈判做得更好。

　相关链接

朱总理入世谈判的出其不意

出其不意招数使用非常奏效的案例是中国与美国的入世谈判，朱总理亲自出马参与谈判，使几近破裂的谈判最终达成。龙永图副部长对此有生动的记忆。

他回忆说："1999 年 11 月 15 日，当中美入世谈判几乎再次面临破裂之时，朱总理亲自出面，把最棘手的 7 个问题找了出来，要亲自与美方进行谈判。当时，石部长担心总理出面谈，一旦谈不好将没有回旋余地，不赞成总理出面。总理最终说服了我们。最后，我方决定，由朱总理等五位代表，与美方三位代表谈判。谈判刚开始，朱总理就对 7 个问题的第一个问题做了让步。当时，我有些担心，悄悄地给总理写条子。朱总理没有看条子，又把第二个问题拿出来，又作了让步。我又担心了，又给朱总理写了条子。朱总理回过头来对我说：'不要再写条子了！'然后总理对美方谈判代表说：'涉及的 7 个问题，我已经对两个问题做了让步，这是我们最大的让步。'美国代表对总理亲自出面参与谈判感到愕然，他们经过商量，终于同意与中方达成入世谈判协议。"

1999 年 11 月 15 日，中美双方就中国加入世界贸易组织的谈判达成了一致，中国谈判代表与美国贸易谈判首席代表巴尔舍夫斯基签署协议并交换文本。中国与美国谈判成功，为中国入世扫除了重大壁垒。2001 年 11 月 10 日，世界贸易组织第四届部长级会议在卡塔尔首都多哈以全体协商一致的方式，审议并通过了中国加入世界贸易组织的决定。

美方谈判代表意想不到朱总理等中方高层领导会突然出现在谈判桌前，再者也想不到朱总理会果断地连续做出两次让步，这些都造成了出其不意的效果。同时，中方高层领导的出现给美方形成中方背水一战的印象，这些都有利于挽救几近破裂的谈判。出其不意策略的使用也是一种给对方的心理造成冲击的战术。谈判中恰当引导对方的心理感受，从而达到争取己方谈判利益的目的。

二、商务谈判的功能

1. 实现购销

在现代市场经济环境下，流通即买和卖，实际上就是商务问题。它关系到整个社会经济运行的顺利，关系到一个社会组织（特别是企业）的发展，也体现了人与人及各类社会组织之间的社会关系。而商务问题，首先是一个商务谈判的问题。因为，任何商务活动都必须借助商务谈判才能实现。例如，货物的买卖，其品种、规格、品质、数量、价格、支付、交货、违约责任等，都要通过商务谈判来确定，只有当事各方经过认真的谈判，就上述一系列交易条件达成协议，货物的买卖才能进行。其他如技术贸易、合资、合作等更广泛意义的购销交易，也只能通过相应的商务谈判并达成协议才能实施。所以，商务谈判在现代社会举足轻重，它是各种购销活动的桥梁，决定着各种商品购销关系的实现。

2. 获取信息

在现代市场经济条件下，由于面临激烈的市场竞争，社会组织特别是企业的生存和发展必须自觉以市场为导向，而只有及时、准确地掌握足够的市场信息，才能知己知彼并正确决策，才能占优占先并灵活应对，才能掌握市场竞争的主动权，因此，信息是现代社会的宝贵资源。商务谈判，正是获取各种信息的重要途径。

商务谈判作为获取信息的重要途径，体现在商务谈判的议题确定、对象选择、背景调查、计划安排、谈判磋商、合同履行等方方面面，贯穿在商务谈判的自始至终。例如，与对方谈判货物买卖，首先就要了解该方的资质和市场的生产、需求、消费、技术、金融、法律等各种信息，还要了解该方提供的产品的来源、数量、品质、价格、服务、供货能力等，并将其同市场上的同类产品相比较，以便在此基础上提出己方具体的交易条件与对方磋商。而且，谈判中的相互磋商，本身也是信息沟通，它反映着市场的供求及其趋势，其中许多信息往往始料不及；同时，这种相互磋商，常常使当事各方得到有益的启示，从中可以获得许多有价值的信息。

3. 开拓发展

社会组织的发展，不但需要自身素质和能力的不断提高，更需要将这种素质和能力转化为现实效益的不断开拓。所谓开拓，就是开辟、扩展。例如，企业的开拓，就要求在不断提高企业的整体素质及产品水平、生产效率的基础上，不断开辟、扩展新的市场。而这种新市场的开辟、扩展，其内容实际上包括产品的扩大销售和各种生产要素的扩大引进，即卖和买两个方面的不断扩大。这里，卖和买两个方面的扩大及其所涉及的各项交易，显然是通过一系列商务谈判来完成的。因此，只有通过成功的商务谈判这一纽带，才能实现市场的开拓，进而促进企业的发展。当然，企业开拓市场，通常还要采取产品、价格、渠道、促销等营销组合策略和其他各种经营策略。但是，这些策略的效果，最终必然要在商务谈判中得到反映、受到检验，并使之成为现实。

总之，商务谈判是社会组织与外部联系的桥梁、途径和纽带。其中，实现购销是商务谈判的基本职能。随着社会主义市场经济体制的健全和完善以及我国经济融入世界经济，人们必将越发认识到做好商务谈判和充分发挥其职能的重要作用。

拓展训练

美国大富豪霍华·休斯是一位成功的企业家，但他也是个脾气暴躁、性格执拗的人。一次，他要购买一批飞机，由于数额巨大，对飞机制造商来说是一笔好买卖。但霍华·休斯提出要在协议上写明他的具体要求，内容多达三十四项。而其中十一项要求必须得到满足。由于他态度飞扬跋扈，立场强硬，方式简单，拒不考虑对方的面子，也激起了飞机制造商的愤怒，对方也拒不相让，谈判始终冲突激烈。最后，飞机制造商宣布不与他进行谈判。

霍华·休斯不得不派他的私人代表出面洽商，条件是只要能满足他们要求的十一项基本条件，就可以达成他认为十分满意的协议。该代表与飞机制造商洽谈后，竟然取得了霍华·休斯希望载入协议的三十四项要求中的三十项，当然那十一项目标也全部达到了。当霍华·休斯问他的私人代表如何取得这样辉煌的战果时，他的代表说："那很简单，在每次谈不拢时，我就问对方，你到底是希望与我一起解决这个问题，还是留待与霍华·休斯来解决。"结果对方自然愿意与他协商，条款就这样逐项地谈妥了。

思考：

（1）霍华·休斯谈判失败的原因是什么？

（2）霍华·休斯的私人代表成功的主要因素有哪些？

任务评价

评 价 项 目	评 价 要 点	权重	自评	师评
商务谈判 内涵认知	1. 理解谈判的含义	10分		
	2. 掌握商务谈判的内涵	10分		
	3. 熟悉商务活动的内容	10分		
正确掌握 商务谈判特点	1. 商务谈判以获得经济利益为目的	10分		
	2. 商务谈判以价值谈判为核心	10分		
	3. 商务谈判注重合同条款的严密性与准确性	10分		
	4. 商务谈判是合作与冲突的对立统一	10分		
	5. 商务谈判是科学与艺术的结合	10分		
了解商务 谈判功能	1. 获取信息，实现购销	10分		
	2. 发现商机，开拓发展	10分		
总分		100分		

项目二
商务谈判的前期准备

 ## 项目描述

　　商务谈判的信息准备是要对谈判所处的环境和谈判对手的相关信息进行搜集。谈判环境通常包括政治经济状况、法律制度、商业习惯、财政金融、市场需求等方面；谈判对手的信息通常指其资信状况等情况。信息搜集完成后要传递给谈判人员，并进行谈判人员的准备。谈判人员的准备一般指商务谈判队伍的规模、人员组成、基本素质和能力要求。

 ## 项目情境

　　中国某工程承包公司在加蓬承包了一项工程任务。当工程的主体建筑完工之后，中方由于不需要大量的劳动力，便将从当地雇用的大批临时工解雇，谁知此举导致了被解雇工人持续 40 天的大罢工。中方不得不同当地工人进行了艰难的谈判，被解雇的工人代表要求中方按照当地法律赔偿被解雇工人一大笔损失费，此时中方人员才意识到他们对加蓬的法律太无知了。

　　根据加蓬的劳动法：一个临时工持续工作一周以上未被解雇则自动转成长期工，有权获得足够维持两个妻子和三个孩子生活的工资，此外，还有交通费和失业补贴等费用。一个非熟练工连续工作一个月以上则自动转成熟练工，如果连续工作三个月以上则提升为技术工人。工人的工资应随着技术的提升而提高。我国的管理人员按照国内形成的对临时工、长期工、非熟练工、熟练工及技工的理解来处理加蓬的情况，谈判结果可想而知。

我们必须清楚：谈判的取胜秘诀在于周密的准备。周密的准备不仅要弄清楚问题本身的有关内容，同时，也包括知晓与之相关的种种微妙差异。为此，要事先调查谈判对手的心理状态和预期目标，以正确地判断出用何种方式才能找到双方对立中的共同点；胸有成竹地步入谈判室，才有成功的基础。如果事到临头仍在优柔寡断，那么对方必会有机可乘。另外，一旦坐上谈判桌，必须能够立即回答对方的一切问题，否则会给别人权限不够或情况不熟的印象。

 项目分解

任务23　谈判信息和人员准备

任务 23 谈判信息和人员准备

学习目标

技能目标

——掌握商务谈判信息的搜集和整理。

——掌握商务谈判人员应具备的素质。

知识目标

——了解商务谈判信息的基本内容。

——了解商务谈判人员构成。

 工作任务

我国某冶金公司要向美国购买一套先进的组合炉，派一高级工程师与美商谈判。为了不负使命，这位工程师作了充分的准备工作，他查找了大量有关冶炼组合炉的资料，花了很大的精力对国际市场上组合炉的行情及美国这家公司的历史和现状、经营情况等信息了解得一清二楚。谈判开始，美商一开口要价150万美元。中方工程师列举各国成交价格，使美商目瞪口呆，终于以80万美元达成协议。当谈判购买冶炼自动设备时，美商报价 230 万美元，经过讨价还价压到 130 万美元，中方仍然不同意，坚持出价 100 万美元。美商表示不愿继续谈下去，把合同往中方工程师面前一扔，说："我们已经作了这么大的让步，贵公司仍不能合作，看来你们没有诚意，这笔生意就算了，明天我们回国了。"中方工程师闻言轻轻一笑，把手一伸，做了一个优雅的请的动作。美商真的走了，冶金公司的其他谈判成员有些着急，甚至埋怨工程师不该抠得这么紧。工程师说："放心吧，他们会回来的。同样的设备，去年他们卖给法国只要 95 万美元，国际市场上这种设备售价 100 万美元是正常的。"不出所料，一个星期后，美方又回来继续谈判了。工程师向美商点明了他们与法国的成交价格，美商愣住了，没有想到眼前这位中国商人如此精明，便不敢再报虚价，只得说："现在物价上涨得厉害，比不了去年。"工程师说："每年物价上涨指数并没有超过 6%。一年时间，你们算算，该涨多少？"美商被问得哑口无言，在事实面前，不得不让步，最终以 101 万美元达成了这笔交易。

请讨论：我方工程师谈判成功的主要因素是什么？

 任务分析

在谈判前，谈判人员要尽可能地搜集客观环境、市场环境、谈判对手的信息，要把握市场供求变化、谈判对手风格等情况，做到心中有数；谈判时，要掌握谈判对手的底牌，做到胸有成竹。

工作步骤

步骤 1　知己

在谈判前，通过信息搜集可以对自身实力做出客观的评价，从而合理地确定谈判目标。对于谈判人员来说，高估或低估自己的谈判实力都是不利的。一方面，如果过高地估计自己的谈判实力，就容易轻敌，以致被对手抓住缺口反击时不知所措，无力还手；另一方面，过低地估计自己的谈判实力，则容易怯场，不敢去争取自己可能获得的利益。因此，通过谈判前的调研，可以认识到自己在谈判中的优势和薄弱环节，从而能在正式谈判中扬长避短。

步骤 2　知彼

知彼是对于谈判对手而言的。在谈判前，只有尽可能多地搜集谈判对手的相关信息，包括其资信状况、谈判风格、主谈人性格、谈判期限等，才能做到心中有数，正式谈判时才能见招拆招。

步骤3　知情

"情"指的是谈判环境的相关信息。这部分信息主要包括两大部分，即客观环境信息和市场环境信息。在谈判中，客观环境中的政治、经济、社会文化、自然资源、基础设施条件等因素都会直接或间接地影响谈判的结果，因此，谈判人员在谈判前必须对涉及这些环境的信息加以收集和整理，以适宜地制订出正确的谈判方案。此外，掌握市场供求变化、消费者购买力等市场环境信息，也可以为制订谈判方案提供依据。

步骤4　人员配置

人员配置是指在正式谈判前要确定参加谈判的团队规模大小，是选择一对一的个人谈判，还是选择多个谈判人员共同参加的集体谈判。个人谈判和集体谈判究竟哪个更好，很难有准确的定论，要因地因时因宜地选择。

 相关链接

个人谈判和集体谈判的优势与劣势

1. 个人谈判的优势与劣势

（1）个人谈判的优势　首先，个人谈判者可以根据谈判桌上的形势变化及对手的反应及时做出正确判断，可以不失时机地捕捉稍纵即逝的机会，也不必担心像集体谈判那样，必须对某一观点在内部取得一致意见，如果意见不统一，甚至需要经过长时间的争论，才能做出决策，这样难免会贻误最佳的谈判时机。其次，个人谈判者也不用担心对手集中攻击成员中较弱的一方，或试图挑拨己方谈判人员之间的矛盾，坐收渔翁之利。最后，个人谈判者独立承担责任，因此，谈判的效率比较高。

（2）个人谈判的劣势　由于个人谈判由一个人独立完成，因此，个人谈判者通常担负着多方面的工作，如果考虑不全面，很可能会影响谈判的工作成果。此外，现代商务谈判往往比较复杂，涉及的领域广阔，需要谈判者具备商业、贸易、营销、金融、运输、保险、法律、税务等多方面的综合知识，需要收集的信息也非常庞杂，以个人有限的精力、知识面和能力，恐怕难以胜任。因此，个人谈判主要用于谈判项目比较简单的情况。

2. 集体谈判的优势与劣势

（1）集体谈判的优势　集体谈判可以满足谈判多领域、多专业的知识需要，谈判人员之间在知识结构上可以实现互补。同时，集体谈判可以充分发挥集体智慧，谈判人员之间合理分工协作，集思广益，群策群力，借助优势互补形成合力，共同为取得谈判的成功而努力。

（2）集体谈判的劣势　参与谈判的人数太多，在某些问题上存在分歧和矛盾的可能性就会大大增加，从而导致协调的难度增加，谈判效率低下。

一、商务谈判信息的准备

1. 环境信息

（1）政治状况　政治状况关系到谈判项目是否成立和谈判协议履行的结果。因此，必须了解对方国家的政治制度和政府的政策倾向、政策的稳定性，以及非政府机构对政策的影响程度。特别是要了解对方国家和地区的政局稳定性，判断政治风险的大小。政治风险一般来源于：政府首脑机构的更替，政治改变，社会的动荡或爆发战争，政府的经济政策变化，国家间关系的重大变化等。若在合同履行期内发生重大的政治风险，将使有关企业蒙受沉重的经济损失，这是应该尽力避免的。

（2）法律制度　主要是了解与商贸谈判活动有关的法规。除了要熟知我国现有的法律外，还要认真了解当事各国的法规及相关国际法规，如联合国国际货物销售合同公约、联合国国际贸易委员会仲裁规则。

（3）商业习惯　商业习惯不同会使商务谈判在语言使用、礼貌和效率，以及接触报价、谈判重点等方面存在极大的差异。商业习惯在国际贸易谈判中显得更为重要，因为几乎每一个国家乃至地区的做法都有自己的特色，甚至相互差别很大，如果不切实了解其商业习惯容易误入陷阱，或使谈判破裂。例如，法国商人往往在谈妥合同的重要条件后就会在合同上签字，签字后又常常要求修改。因此，同法国商人谈成的协议必须以书面形式互相确认。

（4）社会文化　社会文化主要包括文化教育、宗教信仰、生活方式和社会习俗等。跟外国商人谈判，特别要注意对其宗教信仰和社会习俗的了解，不仅可避免不必要的冲突和误会，而且可以更快更好地理解对方的谈判行为，促使谈判的成功。

（5）财政金融　应随时了解各种主要货币的汇兑率及其浮动现状和变化趋势，了解国家的财税金融政策，以及银行对开证、承兑、托收等方面的相关规定等情况。

2. 市场信息

（1）交易商品的市场需求量、供给量及发展前景。

（2）交易商品的流通渠道和习惯性销售渠道。

（3）交易商品市场分布的地理位置、运输条件、政治和经济条件等。

（4）交易商品的交易价格、优惠措施及效果等情况。

3. 谈判对手信息

（1）对方的营运状况与资信情况　要尽可能掌握对方企业的性质、资金状况及注册资金等有关资料，应坚持在不掌握对方信用情况、不熟知对手底细或有关问题未搞清的情况下，不举行任何形式的商务谈判。在掌握对方运营状况和资信情况下，才能确定交易的可能规模及与对方建立交易往来时间的长短，也才能做出正确的谈判决策并给予对方恰当的优惠程度。

（2）对方的真正需求　应尽可能摸清对方本次谈判的目的、要求达到的目标及对我方的特殊需求、当前面临的问题或困难、对方可能接受的最低界限等方面。

（3）对方参加谈判人员的权限　应尽可能多地掌握对方谈判人员的身份、分工。如果是代理商，必须弄清代理商的代理权限范围及对方公司的经营范围。在谈判中，同一个没有任何决定权的人谈判是浪费时间的，甚至会错过最佳交易时机。同时，弄清代理商的代理权限范围和对方公司的经营范围，也能避免日后发生纠纷和损失。

（4）对方谈判的最后期限　必须设法了解对方的谈判期限。任何谈判都有一定的期限。最后期限的压力常常迫使人们不得不采取快速行动，立即做出决定。了解对方的谈判期限，以便针对对方的期限，控制谈判的进程，并针对对方的最后期限，施加压力，促使对方接受有利于己方的交易条件。

（5）对方的谈判作风和个人情况　谈判作风指的是在反复、多次谈判中所表现出来的一贯风格。了解对手的谈判作风可以更好地采取相应的对策，以适应对方的谈判风格，尽力促使谈判成功。

4. 竞争者信息

（1）现有竞争对手的产品因素，如数量、品种、质量、性能、包装方面的优缺点。

（2）现有竞争对手的定价因素，如价格策略、让价策略、分期付款等方面。

（3）现有竞争对手的销售渠道因素，如有关分销、储运的实力对比等方面。

（4）现有竞争对手的信用状况，如企业的成长史、履约情况、企业素质等方面。

（5）现有竞争对手的促销因素，如推销力量、广告宣传、营业推广、服务项目等方面。

二、商务谈判人员的准备

在正式谈判前要确定参加谈判的团队规模大小，是选择一对一的个人谈判，还是选择多个谈判人员共同参加的集体谈判。

个人谈判是指参与谈判的双方或各方分别派出一名谈判者来进行谈判，这种谈判方式适用于喜欢单枪匹马，或在谈判桌上只有少数人参加时才能发挥谈判实力的情况，通常美国人喜欢采用这种方式。

集体谈判是指参与谈判的人员不止一人，而是一个团队。这种方式适用于谈判项目比较复杂，涉及范围比较广的谈判，如国际大宗货物买卖谈判。

集体谈判通常要组建团队，谈判团队应该具备如下专业知识：第一，谈判方面的知识（如谈判礼仪、技巧）；第二，技术方面的知识；第三，商务方面的知识（如价格、交货、支付条件）；第四，法律方面的知识（如关于合同签订及违约的责任规定）；第五，语言翻译方面的知识。因此，谈判团队应配备相应的人员：首席谈判代表或谈判专家、技术精湛的专业人员、业务熟练的商务人员、精通经济法的法律人员、熟悉业务的翻译人员、记录人员。谈判团队的人员构成如图6-1所示。

图6-1 谈判团队的人员构成

 相关链接

集体谈判人员的工作职责

1. 首席谈判代表

首席谈判代表通常指在谈判中负有领导和组织责任的高级谈判者，其工作职责如下：

（1）监督谈判程序。

（2）掌握谈判进程。

（3）听取专业人员的建议和说明。

（4）协调谈判成员的意见。

（5）决定谈判过程中的重要事项。

（6）代表单位签约。

（7）汇报谈判工作。

2. 专业人员

专业人员是谈判团队的主要成员之一，了解和掌握科学决策过程，能为科学决策提出合理建议。其主要工作职责如下：

（1）同对方进行专业细节方面的磋商。

（2）修改草拟谈判文书的有关条款。

（3）向首席谈判代表提出解决专业问题的建议。

（4）为最后决策提供专业方面的论证。

3. 商务人员

商务人员又称之为经纪人员，是谈判团队的主要成员之一，其工作职责如下：

（1）阐明己方参加谈判的愿望和条件。

（2）弄清对方的意图和条件。

（3）找出双方的分歧或差距。

（4）掌握该项谈判总的财务情况。

（5）了解谈判对手在项目利益方面的期望指标。

（6）分析、计算修改中的谈判方案所带来的收益变动。

（7）为首席谈判代表提供财务方面的意见和建议。

（8）在正式签约前提供合同或协议的财务分析表。

4. 法律人员

法律人员通常指有着良好的法律基础，掌握丰富的法律知识，熟悉经济法、合同法等相关法律的谈判人员。其工作职责如下：

（1）确认谈判对方经济组织的法人地位。

（2）监督谈判在法律许可范围内进行。

（3）检查法律文件的准确性和完整性。

5. 翻译人员

翻译人员在谈判团队中占有特殊的地位，是谈判双方进行沟通的桥梁。其主要职责如下：

（1）语言沟通。

（2）改变谈判气氛。

（3）增进谈判双方的了解、合作和友谊。

6. 记录人员

记录人员在团队谈判时必不可少，一份完整的谈判记录既是一份重要的资料，也是进一步谈判的依据。其工作职责主要是准确、完整、及时地记录谈判内容。

拓展训练

假设你是扬州天宇联通科技发展有限公司销售部的助理，一家刚成立不久的广告设计公司第一次与你所在公司进行合作，准备采购公司的产品。销售部经理要求你搜集有关的谈判信息，报出价格后与对方洽商谈判的相关事宜。

请问，你需要搜集哪些信息？通过哪些渠道搜集？你准备找谁进行谈判？

任务评价

评 价 项 目	评 价 要 点	权重	自评	师评
知己	列举自己的个性特点和商务谈判技能	25 分		
知彼	列举【工作任务】案例中工程师搜集了哪些信息	25 分		
知情	列举【拓展训练】案例中客观环境信息和市场环境信息	25 分		
人员配置	写出一份模拟商务谈判的人员配置说明	25 分		
总分		100 分		

项目三
商务谈判过程性技巧

 项目描述

    商务谈判是以开局和结束为标志的一个过程，这个过程包括四个环节：开局、洽谈与磋商、妥协让步和结束。其中，开局阶段、磋商阶段和成交阶段是其中最为重要的三个阶段。

 项目情境

    日本松下电器公司创始人松下幸之助先生刚"出道"时，曾被对手以寒暄的形式探测了自己的底细，因而使自己产品的销售大受损失。

    当他第一次到东京找批发商谈判时，刚一见面，批发商就友善地对他寒暄说："我们第一次打交道吧？ 以前我好像没见过你。"批发商想用寒暄托词，来探测对手究竟是生意场上的老手还是新手。松下先生缺乏经验，恭敬地回答："我是第一次来东京，什么都不懂，请多关照。"正是这番极为平常的寒暄答复却使批发商获得了重要的信息：对方原来只是个新手。批发商问："你打算以什么价格卖出你的产品？"松下又如实地告知对方："我的产品每件成本是 20 元，我准备卖 25 元。"

    批发商了解到松下在东京人地两生，又暴露出急于要为产品打开销路的愿望，因此，他趁机杀价，"你首次来东京做生意，刚开张应该卖得更便宜些。每件 20 元，如何？"结果没有经验的松下先生在这次交易中吃了亏。

一个有经验的谈判者，能透过相互寒暄时的那些应酬话去掌握谈判对象的背景材料：他的性格爱好、处事方式、谈判经验及作风等，进而找到双方的共同语言，为后续沟通做好准备，这对谈判成功有着积极的意义。

 项目分解

任务 24　谈判开局阶段技巧

任务 25　谈判磋商阶段技巧

任务 26　谈判成交阶段技巧

任务 24　谈判开局阶段技巧

学习目标

技能目标

——掌握开局的表达方式。

——掌握开局阶段的策略。

——掌握开局的技巧。

知识目标

——了解开局的含义与特点。

——了解开局阶段的基本任务。

 工作任务

某市一位区党委书记在同外商进行谈判时，发现对方对自己的身份持有强烈的戒备心理，这种状态阻碍了谈判的进行。于是，这位党委书记当机立断站起来对对方说："我是党委书记，但是也懂经济，也搞过经济，并且拥有决策权。我们摊子小，并且实力不大，但是人实实在在，愿意真心诚意地跟贵方合作。咱们谈得成也好，谈不成也好，至少你这个外来的'洋'先生可以交到我这样的'土'朋友。"寥寥数句肺腑之言打消了对方的疑虑，于是，谈判顺利地向纵深发展。

这位党委书记运用的是坦诚式开局，他以开诚布公的方式向谈判对手陈述自己的观点或想法，从而为谈判打开局面。

任务分析

商务谈判的开局有时虽然只有寥寥几句，但却可以营造出一种和谐的气氛，消除对方的疑虑，给谈判创造了一个良好的开始，使谈判顺利进行。上例中的这位党委书记及时发现了谈判中的问题，并能采取正确的方法改变不利的谈判局面，直接坦率地提出自己的观点、要求，更能使对方对己方产生信任感，并缓解了谈判的现场气氛。当然，在商务谈判中，谈判人员要根据双方的情况，选择恰当的开局方法，抢占先机，为成功打下基础。

工作步骤

步骤 1　开局

谈判的开局阶段是指谈判双方见面后，在进入具体交易内容之前，相互介绍、寒暄，以及就谈判议题以外的话题进行交流的一个过程。

步骤 2　开局的基本任务

（1）阐明具体问题　谈判双方初次见面要互相介绍参加此次谈判的人员，进一步明确谈判期望达到的目标，同时还要洽谈决定谈判的议程和进度，以及需要共同遵守的纪律和共同履行的义务。

（2）营造良好谈判气氛　谈判气氛会影响谈判者的心理、情绪和感觉，从而引起相应的行为方式，影响谈判的发展。

（3）开场陈述和报价　参与谈判的各方分别把己方的基本立场、观点和利益向对方阐述，让谈判对手了解己方的谈判目标和谈判风格。

（4）继续了解谈判对方　在商务谈判的开局阶段，除了仔细倾听并分析对方的开场陈述之外，还可以通过多种其他途径来了解对方。

步骤 3　开局的表达方式

（1）协商表达法　是以婉转、友好、间接的交谈方式表达开局目标的策略。采取协商表达法的条件通常是：商务谈判双方都有良好的谈判意愿，希望能促成眼前的交易；或谈判的一方明显地居于谈判劣势，试图以协商表达方式联络双方的感情，争得己方起码的、大致平等的谈判地位；或者谈判双方均为交易的老客户，彼此间对各自的经济实力、谈判能力都非

 特别提醒

想要继续了解谈判对方，收集谈判信息的途径有：通过正规途径收集的资料；通过非正规途径收集的资料；研究历史资料；摸清对方的情况；评估对手实力。

常熟悉。

（2）直陈表达法　是指以坦诚、直率的交谈方式表达开局目标的策略。采用这种表达方式通常是：商务谈判双方已有多次交易往来，谈判双方关系密切，对对方有较深的了解，说话无须含蓄拐弯；谈判双方的身份和资格大体相当，反差不大等情况下。

（3）冲击表达法　冲击表达法是指以突然、激烈、令谈判对方意外甚至受窘的交谈方式表达开局目标的策略。冲击表达法不是一种常规的开局目标表达方法。这是在商务谈判开局时的某种特殊场合下采用的一种特别的表达方法。比如一位客商利用某企业急需求购原料且濒于停产之机，大肆抬高交易条件，并且出言不逊，伤害该企业谈判人员的感情，诋毁该企业的名誉。在这种情况下，如果该企业的谈判人员一味谦恭，诉说己方的困难处境，只会适得其反，助长对方气焰。该企业谈判人员在谦恭、退让之后，突然拍案而起，采用了冲击表达方法。他指责对方道："贵方如果缺乏诚意，可以请便。我们尚有一定的原料库存，并且早就做好了转产的准备，想必我们今后不会再有贸易往来，先生，请吧！"由于谈判双方已投入了一定的人力、财力，再加上利益所在和双方都有调和的意愿，这种冲击式的表达技巧，产生了应有的效果，促使双方终于坐下来开始了真诚的谈判。

步骤 4　开局的提交方案方式

在谈判的准备工作已经全部完成时，就可以向对方主动提交洽谈方案，或者在对方提交的方案基础上给予相应的答复。通常有以下三种方式：

（1）提交书面材料，不做口头陈述。

（2）提交书面材料，并作口头叙述。

（3）面谈提出交易条件。

步骤 5　开局阶段的策略

在开局阶段，谈判双方采用何种态度和手段开始谈判，被称为开局的策略。在商务谈判中，根据己方的谈判目标和谈判双方的实力对比，选择恰当的开局策略，可以帮助己方迅速进入谈判状态，抢占开局阶段的有利地位。开局阶段策略有以下四种：

（1）协商式开局策略。

（2）坦诚式开局策略。

（3）慎重式开局策略。

（4）进攻式开局策略。

 相关链接

进攻式开局策略的运用

　　日本一家著名的汽车公司在美国刚刚"登陆"时，急需找一家美国代理商来为其销售产品，以弥补他们不了解美国市场的缺陷。当日本汽车公司准备与美国的一家公司就此问题进行谈判时，日本公司的谈判代表由于路上塞车迟到了，美国公司的代表抓住这件事紧紧不放，想要以此为手段获取更多的优惠条件，日本公司的代表发现无路可退，于是站起来说："我们十分抱歉耽误了您的时间，但是这绝非我们的本意，我们对美国的交通状况了解不足，所以导致了这个不愉快的结果，我希望我们不要再为这个无所谓的问题耽误宝贵的时间了，如果因为这件事怀疑到我们合作的诚意，那么，我们只好结束这次谈判，我认为，我们所提出的优惠代理条件是不会在美国找不到合作伙伴的。"

日本代表的一席话说得美国代理商哑口无言，美国人也不想失去这次赚钱的机会，于是谈判顺利地进行下去。

本案例中，日方谈判代表正是采用了进攻式开局策略，才阻止了美方谈判代表谋求赢得谈判主动权的意图。

知识平台

一、开局阶段概述

1. 开局的含义

谈判的开局阶段是指对谈判双方见面后，在进入具体交易内容之前，相互介绍、寒暄，以及就谈判议题以外的话题进行交流的一个过程。

2. 开局的特点

（1）开局阶段是谈判各方阐明各自立场的阶段，据此可对谈判各方的谈判目标有初步的了解，以便在正式谈判时作为参考。

（2）一般情况下，在开局后的几分钟内就确定洽谈的格局。

（3）这一阶段，谈判各方阵容中的个人地位及所承担的角色完全暴露出来，有助于谈判人员为下一步谈判制订好有针对性的策略。

（4）开局阶段谈判人员的精力最充沛，注意力也最为集中。

3. 开局的注意点

（1）谈判人员讲究礼仪，规范得体，相互尊重。

（2）开局话题适当，以中性话题确保良好沟通，同时要避免过分闲聊，离题太远。

（3）舒适的谈判环境。

二、开局阶段的策略

1. 协商式开局策略

协商式开局策略是指谈判双方为了使对方对己方产生好感，创造互相尊重、"一致性"的感觉，从而使谈判双方在友好、愉快的气氛中展开谈判工作。

协商式开局策略适用于实力比较接近的双方，过去没有商务往来，第一次接触。谈判双方通常使用外交礼节性语言，选择中性话题，本着尊重对方的态度进行不卑不亢的谈判。

2. 坦诚式开局策略

坦诚式开局策略是指以开诚布公的方式向谈判对手陈述自己的观点或想法，从而为谈判打开局面。

坦诚式开局策略适用于双方过去有过商务往来，而且互相比较了解，关系很好，或者实力不如对方的谈判者。谈判双方通常真诚、热情地畅谈双方过去的友好合作关系，坦率地陈述己方的观点及对对方的期望，并坦率地表明己方存在的弱点。

3. 慎重式开局策略

慎重式开局策略是指以严谨、凝重的语言进行陈述，表达出对谈判的高度重视和鲜明态度，目的在于使对方放弃某些不适当的意图，以达到把握谈判的目的。

慎重式开局策略适用于谈判双方过去有过商务往来，但对方曾有过不太令人满意的表现。这时，己方要对过去对方的不妥之处表示遗憾，并希望通过本次合作能够改变这种状况。不急于拉近关系，用礼貌性的提问来考察对方的态度、想法。

4. 进攻式开局策略

进攻式开局策略是指通过语言或行为来表达己方强硬的姿态，从而获得谈判对手必要的尊重，并借以制造心理优势，使得谈判顺利地进行下去。

进攻式开局策略适用于谈判时发现谈判对手居高临下，有以势压人、不尊重己方的倾向。但是应注意，要有理、有利、有节，要切中问题要害，又不能过于咄咄逼人，一旦对方态度好转，要适时转变做法。

三、开局阶段的技巧

1. 热情款待谈判对方

作为谈判中的东道主一方，在正式谈判之前，为对方的到来举行高级别的盛大接风宴会、舞会或是赠送昂贵的礼品，又或者在日程安排表中免费为对方提供高档旅游、休闲娱乐及保健活动等，目的是让对方产生"受之有愧，必须回报"的感觉，从而软化对方的谈判原则、态度和立场。这种方法的重点就是要自然，把握好时机和分寸，否则将会弄巧成拙，甚至令对方产生己方动机不纯、意图贿赂的想法。

2. 先声夺人

在谈判开局首先发言，率先表明己方对待此次谈判坚定的态度、原则和立场，或者借助演示、介绍的手段，渲染己方的实力、优势与取得的经营业绩，还可以旁敲侧击地指出对方存在的弱点和失误，进而削弱对方的谈判地位。目的是树立己方的强势地位，以君临天下、先声夺人的气势，取得不战而屈人之兵的效果，进而掌握谈判主动权。

3. 后发制人

在谈判开局阶段，己方只做简要概括的阐述，而专注于倾听、记录和推敲对方的发言，然后从对方的发言中获取更多关于产品、技术、市场等信息和有关对手的谈判风格、水平、态度、立场和原则等情况，通过大量的提问，寻找对方的破绽及弱点，并以此作为迫使对方让步的筹码和反击的突破口。

4. 出其不意

作为谈判东道主一方在对方刚刚抵达谈判地之后就立刻去拜访对方，抛出己方事先安排好的时间紧迫的谈判日程，或者以种种借口提出修改双方原来商定的谈判日程安排，并恳请对方谅解，从而出其不意地打乱对方的谈判计划，迫使对方在体力和精力都没有得到较好恢复的情况下仓促应战。该方法可以在一定程度上降低对方的谈判实力，使谈判朝着有利于己方的形式发展，但也有可能遭到对方的抗议，或者指责己方缺乏合作诚意，以致谈判陷入僵局。

拓展训练

假设京东商城和某保健器械生产厂家进行初次合作，双方展开了第一轮谈判。谈判一开始，该保健器械厂家负责人就提出了非常苛刻的问题，以致谈判气氛一度非常紧张，而京东方面希望谈判能继续下去，要改变这种紧张气氛。

（1）保健器械生产厂家负责人在谈判开局就提出苛刻的问题，试讨论他可能提出的要求有哪些，讨论后综合给出你们的意见。

（2）京东方面如果希望改变谈判的气氛，应该如何处理？

（3）根据(2)中京东方面负责人对改变谈判气氛的处理，判断这种做法采用了哪种开局策略。

任务评价

评 价 项 目	评 价 要 点	权重	自评	师评
开局阶段	熟悉开局阶段的特点	15 分		
开局的任务	1. 能阐明具体问题	10 分		
	2. 会创造良好谈判气氛	10 分		
	3. 能流利地进行开场陈述和报价	10 分		
	4. 注意继续了解谈判对方	10 分		
开局的表达	熟悉开局的主要表达技巧	15 分		
开局的策略	了解开局的四项策略	15 分		
开局的技巧	掌握开局的技巧的四个主要方面	15 分		
总分		100 分		

任务25　谈判磋商阶段技巧

学习目标

技能目标

——掌握让步的方式和策略。

——掌握谈判僵局的类型和打破僵局的策略。

知识目标

——了解报价的含义、方式、顺序等。

——理解讨价还价的策略。

工作任务

前几年，王老板曾在一家大公司做营销部主任。在一项采购洽谈业务中，有位卖主的产品报价是 50 万元，王老板和成本分析人员都深信对方的产品只要 44 万就可以买到，一个月后，王老板和对方开始谈判，卖主使出了最厉害的一招。他一开始就先说明他原来的报价有错，现在合理的开价应该是 60 万元。听他说完后，王老板不禁对自己原先的估价怀疑起来，心想，可能是估算错了。60 万元的报价到底是真的还是假的，王老板也不清楚，最后以 50 万元的价格和卖方成交，双方感到非常满意。

本案例中，卖主提高了报价反而促成了交易的成功。请思考：卖主用了什么策略？ 买主应该如何应对这种策略？

任务分析

本案例中，卖主提高了报价反而促成了交易的成功，是因为卖主较好地运用了讨价还价的策略和方法。

工作步骤

步骤1　报价

商务谈判中的报价，通常是谈判者要求的总称，包括价格、交货期、付款方式、数量、质量、保证条件等。报价直接影响到谈判结果，事关谈判者最终获利的大小，是关系到谈判能否取得胜利的关键因素之一。

步骤2　讨价还价

讨价还价是商务谈判必然要经历的一个重要阶段，是谈判双方进行的一场重要博弈，报价一方应当尽量争取对己方有利的还价，而还价一方应尽量多讨几次价，不要轻易还价。

步骤3　让步

让步是讨价还价的重要环节，无论买方还是卖方，让步都是其达成有效协议所必须采取的策略。商务谈判各方要明确己方所追求的最终目标，以及为达成该目标可以或愿意做出哪些让步。让步本身体现了谈判人员通过主动满足对方需要的方式来换取己方需求满足的精神实质。

步骤 4　谈判僵局

在商务谈判进行中，双方观点、立场的交锋是持续不断的，当利益冲突变得不可调和时，僵局便出现了。僵局出现以后，必须迅速地处理，否则就会对谈判顺利进行产生影响。出现僵局不等于谈判破裂，但它严重影响谈判的进程，如不能很好地解决，就会导致谈判破裂。要突破僵局，必须对僵局的性质、产生原因等问题进行透彻的了解和分析，才能正确加以判断，从而进一步采取相应的策略和技巧，选择有效的方案，重新回到谈判桌上来。

步骤 5　打破谈判僵局

谈判出现僵局，会影响谈判协议的达成。因此，在双方都有诚意的谈判中，尽量避免出现僵局。但是，谈判本身又是双方利益的分配，是双方的讨价还价，僵局的出现不可避免。仅从主观愿望上不愿出现谈判僵局是不够的，也是不现实的，必须正确认识、慎重对待、认真处理这一问题，掌握处理谈判僵局的策略与技巧，从而更好地争取主动，为谈判协议的签订铺平道路。

相关链接

运用替代法打破僵局

出口商 A 曾就某项高级技术设备的交易与国外买方 B 进行谈判。在谈判过程中，双方在交货地点的问题上发生争执并使谈判陷入僵局。出口商 A 从自己的利益出发，要求在己方的工厂进行交货，而买方 B 则坚持只能在货物交到买方工地后才能接收，其中牵涉三个遥远的工地。为了使这场交易不至于落空，双方都积极寻找变通方案。最后，经过出口商 A 的提议，双方决定采取一种新的折中方案：先在出口商 A 的工厂作临时交货，然后再在买方的中心仓库作最后交货。买方 B 仅仅有权按照出口商 A 的检验程序和规格复检，如果设备到达买方中心仓库后 30 天内未进行复检，应视同交货完毕。由于这个提议比出口商 A 原来的交易条件有所改进，满足了买方关于设备只能在运抵买方国家之后才能作最后交货的愿望，并且基本上按照过去其他合同的先例，不至于引起买方法律部门的异议，所以被买方接受和采纳，谈判很快取得了成功。

知识平台

一、报价概述

报价是商务谈判的一个重要环节，交易条件的确立是以报价为前提的。报价不仅表明了谈判人员对有关交易条件的具体要求，集中反映了谈判者的需求和利益，而且通过报价，谈判人员可以进一步分析和把握彼此的意愿及目标，以便更有效地引导谈判行为。

1. 报价的定义

报价是谈判的某一方首次向另一方提出一定的交易条件，并愿意按照这些条件签订交易合同的一种表示。这里所指的"价"是就广义而言，并非单指价格，而是指包括价格在内的诸如交货条件、支付手段、违约金或押金、品质与检验、运输与保险、索赔与诉讼等一系列内容。

2. 报价的依据

报价的基础是市场行情，从理论上来讲，报价有两个基本依据：

（1）对报价者最为有利，即卖方报出最高价，在预期成交价基础上加上虚头；买方报出最低价，在预期成交价基础上扣减虚头；以便在后期谈判中讨价还价让虚头。

（2）成功的可能性最大。报价时要考虑到对方的接受能力和市场背景，避免狮子大开口吓跑对方。

3. 报价的原则

（1）开盘价为"最高"或"最低"价。对于卖方来说，开盘价必须是"最高"价；与此相反，对于买方来说，开盘价必须是"最低"价，这是报价的首要原则。

（2）开盘价必须合情合理。开盘价要报得高一些，但绝不是指漫天要价、毫无道理、毫无控制，恰恰相反，高的同时必须合乎情理，必须能够讲得通。如果报价过高，又讲不出道理，对方必然认为我方缺少谈判的诚意，可能被逼无奈而中止谈判扬长而去；或者以其人之道还治其人之身，相对也来个"漫天要价"；或一一提出质疑，而我方又无法解释，其结果只好是被迫无条件让步。因此，开盘价过高将会有损于谈判。

（3）报价应该坚定、明确、完整，且不加任何解释说明。报价时，态度要坚决、果断、毫无保留、毫不犹豫。这样做能够给对方留下我方是认真而诚实的好印象。要记住，任何欲言又止、吞吞吐吐的行为，必然会导致对方的不良感受，甚至会产生不信任感。开盘价要明确、清晰和完整，以便对方能够准确了解我方的期望。开盘报价的内容，通常包括价格、交货条件、支付手段、质量标准和其他内容。开价时，要把开盘的几个要件一一讲清楚。

二、讨价还价概述

1. 讨价的定义

讨价是指谈判中买方或者卖方报出价格并进行解释后，其相对应方认为离自己的期望值太远或不符合自己的期望目标，在对其价格评论的基础上要求对方改善报价的一种行为。

2. 还价的定义

还价是指谈判中的一方根据对方的报价，再结合己方的谈判目标，提出己方的价格要求的一种行为。还价是以讨价为基础的，卖方首先报价，买方通常不能全盘接受，但也不会全盘推翻，而是伴随价格评论向卖方讨价。卖方对买方的讨价通常也不会轻易允诺，但是也不会断然决绝，为了促成交易，往往伴随进一步的价格解释并对报价做出改善。这样，经过一次又一次的讨价还价之后，为了达成交易，买方就要根据估算的卖方保留价格和自己的理想价格及策略性虚拟报价部分，按照既定的策略和技巧，提出自己的反应性报价，即做出还价。

3. 讨价还价的策略

（1）投石问路策略　投石问路策略是指买方在谈判中通过不断地询问，以尽可能多地了解从卖方那里不容易获得的诸如成本、价格等方面的资料，以此来探测对方的虚实，掌握对方的心理，以便在谈判中做出正确的决策。

投石问路的关键在于选择合适的"石"。提出的假设应该是己方所关心的问题，而且是对方无法拒绝回答的。很多时候，如果提出的问题正好是对方所关心的，那么也容易将己方的信息透露给对方，反而为对方创造了机会。所以，在使用投石问路策略的时候，也应该谨慎，并且注意不要过度。比如，一位买主要购买三千件产品，他就先问如果购买一百、一千、三千、五千和一万件产品的单价分别是多少，一旦卖主给出了这些单价，敏锐的买主就可从中分析出卖主的生产成本、设备费用的分摊情况、生产的能力、价格政策、谈判经验丰富与否等情况，最后，买主能够得到比购买三千件产品更好的价格，因为很少有卖主愿意失去这样数量多的买卖。

（2）欲擒故纵策略　欲擒故纵策略即对于志在必得的交易谈判，故意通过各种措施，让对方感到自己是满不在乎的态度，从而压制对手开价的胃口，确保己方在预想条件下成交的做法。

使用欲擒故纵策略最关键的是，务必使假象做得足以让对方相信。人们通常有一种心理：越是偷偷得来的信息，其真实性越不容置疑。所以，最好是通过非官方、非正式渠道传播，或借第三方之口发布。

在欲擒故纵策略的做法上，务必使自己的态度保持半冷半热、不紧不慢的状态。例如，日程安排上不显急切；在对方激烈强硬时，让其表现，采取"不怕后果"的轻蔑态度。

（3）差额均摊策略　由于买卖双方议价的结果存在差距，若双方各不相让，则交易告吹，买方无法取得必需的商品，卖方丧失了获取利润的机会，双方都是输家。因此，促成双方交易最好的方式就是采取"中庸"之道，即将双方议价的差额各承担一半，结果双方都是赢家。

（4）迂回战术策略　在卖方占优势的情况下，正面议价通常效果不好，此时采取迂回战术才能奏效。例如，某超市自本地总代理购入某化妆品，发现价格竟比同行某公司的购入价格贵，要求总代理说明原委，并比照售予同行的价格，未料总代理未能解释，也不愿意降价，因此，采购人员就委托原厂的某贸易商，先行在该厂购入该化妆品，再转运至超市。因为总代理的利润偏高，此种转运安排虽然费用增加，但从总成本上说还是比通过总代理购入的价格便宜。当然，迂回战术是否成功，有赖于运转工作是否可行，有些原厂限制货品越区销售，迂回战术的执行就有困难。

（5）釜底抽薪策略　为了避免卖方处于优势下获取暴利，买方只好同意卖方有"合理"利润，否则胡乱杀价，仍会给予卖方可乘之机。因此，通常有买方要求供应商提供所有成本资料，国外货品则请总代理商提供一切进口单据，借以查核真实的成本，然后加计合理利润作为采购价格。

（6）哀兵姿态策略　在买方居于劣势情况下，买方应以"哀兵"姿态争取卖方的同意与支持。由于买方没有能力与卖方议价，有时会以预算不足作为借口，请求卖方同意在其有限的费用下，勉为其难将货品卖给他，而达到减价的目的。一方面买方必须施展"动之以情"的议价功夫，另一方面则口头承诺将来"感恩图报"换取卖方"来日方长"的打算。此时卖方并非血本无归，只是削减原本过高的利润，双方可能成交。若买方的预算距离卖方的底价太远，卖方无利可图，则不会为买方的诉求所动。

（7）抬价压价策略　在谈判中通常不存在一方一开价，另一方就马上同意，双方拍板成交前都要经过多次的抬价、压价才能确定一个协商一致的价格标准。由于谈判时抬价一方不清楚对方要求多少，在什么情况下妥协，所以这一策略运用的关键就是抬到多高才是对方能够接受的范围。一般而言，抬价是建立在科学的计算和精良的观察、判断、分析基础上，当然忍耐力、经验、能力和信心也是十分重要的。在讨价还价中，双方都不能确定双方能走多远，能得到什么，因此，时间拖得越久，局势就会越有利于有信心、有耐力的一方。压价可以说是对抬价的破解。如果是买方先报价格，可以低于预期进行报价，留有讨价还价的余地，如果是卖方先报价，买方压价，则可以采取多种方式：

① 揭穿对方的把戏，直接指出实质。例如，计算出对方产品的成本，挤出对方报价中

所含的水分。

② 用反抬价回击，如果在价格上迁就对方，必须在其他方面获得补偿。

③ 召开小组会议，集思广益思考对策。

④ 制订一个不超过预算的金额，或是一个价格的上下限，然后围绕这些标准，进行讨价还价。

⑤ 在合同没有签订以前，要求对方做出某种保证，以防其临时反悔。

⑥ 使对方在合同上签署的人越多越好，这样做的话，对方以后难以改口。

（8）沉默是金策略　与其错误地回应对方的报价，还不如守株待兔静观其变，在沉默中，对方可能会因为紧张而对自己的报价进行修改，让报价变得更易于接受，或干脆发出愿意做出更大让步的信号。水平高超的谈判人员不仅知道沉默的力量，而且也明白沉默是金的道理。

（9）吹毛求疵策略　在讨价还价时，对方的目标越高，对己方越不利。对方的目标很高时，要价往往居高临下，成交价格也就很难降低。因此，己方首先要降低对方的目标，给对方的商品挑出毛病，就等于贬低产品的价值，对方心目中就失去了商品应有的价值基础。吹毛求疵策略就是谈判中，处于劣势的一方对有利的一方炫耀自己的实力，谈及对方的实力和优势时，采取回避态度，专门寻找对方弱点，伺机打击对方。

（10）价格诱惑策略　价格诱惑策略是利用对方担心市场价格上涨的心理，诱使对方迅速签订购买协议。价格诱惑策略的实质就是把谈判对手的注意力吸引到价格问题上来，使其忽略对其他重要条款的讨价还价，进而在这些方面争得让步与优惠。

为了应对这种策略，买方就要排除外界的干扰，坚定不移地执行既定的谈判计划，同时要做好充分的市场调研，准确把握市场竞争态势和价格走势，不被对方的价格诱惑所影响。

（11）润滑策略　润滑策略是指谈判人员在业务往来的过程中，通过馈赠礼品来表示友好、联络感情。使用这种策略时要注意双方文化方面的差异，并考虑送礼的场合和礼物价值的大小。

（12）疲劳轰炸策略　疲劳轰炸策略是指通过疲劳战术来干扰对方的注意力，瓦解其意志并抓住有利时机，达成协议，适用于谈判一方表现出居高临下、先声夺人的姿态时。应对这种策略，切忌硬碰硬，以免激起对方的对立情绪，使谈判破裂，因此，要求谈判团队的领导者，尽量保证谈判在正常的工作时间内进行，确保谈判团队各成员能够有足够的休息时间。对于在外地进行谈判的应制订统一的制度并严格执行，而拒绝按别人的计划行事。

三、妥协让步的概述

1. 妥协让步的含义

妥协让步是讨价还价的重要环节，无论买方还是卖方，妥协让步都是其达成有效协议所必须采取的策略。商务谈判各方要明确己方所追求的最终目标，以及为达成该目标可以或愿意做出哪些让步。让步本身体现了谈判人员通过主动满足对方需要的方式来换取己方需求满足的精神实质。

2. 妥协让步的策略

（1）丝毫无损策略　丝毫无损策略是指谈判一方以不做任何让步为条件而获得对方让步的一种策略。在谈判过程中，当谈判对方就某个交易条件要求己方做出让步，其要求的确有合理的理由，而对方又不愿意在这个问题上做出实质性的让步时，首先，认真地倾听对方的诉说，并向对方表示："我方充分理解您的要求，也认为您的要求有一定合理性，但就我方目前的条件而言，因受种种因素的限制，实在难以接受您的要求。我们保证在这个问题上我方给予其他客户的条件，绝对不会比您的好，希望您能够谅解。" 如果不是什么大问题，对方听了这一番话后，往往会自己放弃要求。

（2）互利互惠策略　在谈判磋商中，每一次让步不但是为了追求己方的满足，同时还要充分考虑到对方最大的满足。谈判双方在不同利益问题上，相互给予对方让步以达成谈判和局这一最终目标。这种以己方的让步，换取对方在另一个问题上的让步策略称为互惠互利策略，为了能顺利争取对方互惠互利的让步，可采取的技巧如下：

① 当己方谈判人员做出让步时，应向对方表明：做出这个让步，我方是与公司政策和公司主管的指示相反的，因此，己方只同意这样一个让步且贵方也必须在某个问题上有所回报，这样我们回去也好有个交代。

② 将己方的让步与对方的让步直接联系起来，表明己方可以做出这次让步，只要在己方要求对方让步的问题上能达成一致，一切就不存在问题了。

（3）予远利谋近惠政策　当对方在谈判中要求己方在某一问题上做出让步时，己方可以强调，保持与己方的业务关系将能给对方带来长期的利益，而本次交易对于是否能够成功地建立和发展双方之间的长期业务关系是至关重要的。如此这般向对方言明远利和近利之间的利害关系，对方多半会取远利而弃近惠的。

（4）虚张声势策略　在某些谈判中，双方会在一开始提出一些并不期望能实现的过高要求，随着时间的推移，双方通过让步来逐步修正这些要求，最后在两个极端之间的某一点上达成协议。谈判人员可能将大量的条件放进谈判议程中，其中大部分是虚张声势，或者是想在让步时，给对方造成一种错觉，似乎己方已经做出了巨大牺牲，但实际上只不过舍弃了一些微不足道的东西。

（5）最后通牒策略　最后通牒策略是一方向另一方亮出最后的底牌，迫使对方让步。在谈判双方的目标差距很大而又相持不下时，谈判一方向另一方发出最后通牒，告诉对方"这是我们最后的出价"，或者向对方声明"谈判即将破裂"，对方欲挽救谈判的话会同意让步。

四、谈判僵局概述

1. 谈判僵局的含义

谈判僵局是指在商务谈判过程中，当双方对所谈问题的利益要求差距较大，双方又都不肯做出让步，导致双方因暂时不可调和的矛盾而形成的对峙，使谈判呈现出一种不进不退的僵持局面。

在谈判中，谈判双方各自对利益的期望或对某一问题的立场和观点存在分歧，很难达成共识，而又都不愿做出妥协向对方让步时，谈判进程就会出现停顿，谈判即进入僵持状态。谈判僵局出现后对谈判双方的利益和情绪都会产生不良影响。谈判僵局会有两种后果：打破僵局继续谈判或谈判破裂，当然后一种结果是双方都不愿看到的。

2. 谈判僵局产生的原因

（1）立场观点的争执　双方各自坚持自己的立场观点而排斥对方的立场观点，形成僵持不下的局面。在谈判过程中如果双方对各自立场观点产生主观偏见，认为己方是正确合理的，而对方是错误的，并且谁也不肯放弃自己的立场观点，往往会出现争执，陷入僵局。双方真正的利益需求被这种立场观点的争论所搅乱，而双方又为了维护自己的面子，不但不愿做出让步，反而用否定的语气指责对方，力图迫使对方改变立场观点，谈判就变成了不可相容的立场对立。谈判者出于对己方立场观点的维护心理，往往会产生偏见，不能冷静尊重对方观点和客观事实。双方都固执己见排斥对方，而把利益忘在脑后，甚至为了"捍卫"立场观点的正确而以退出谈判相要挟。

这种僵局处理不好就会破坏谈判的合作气氛，浪费谈判时间，甚至伤害双方的感情，最终使谈判走向破裂的结局。立场观点争执所导致的僵局是比较常见的，因为人们很容易在谈判时陷入立场观点的争执不能自拔而使谈判陷入僵局。

（2）面对强迫的反抗　一方向另一方施加强迫条件，被强迫一方越是受到逼迫，越是不退让，从而形成僵局。一方占有一定的优势，他们以优势者自居向对方提出不合理的交易条件，强迫对方接受，否则就威胁对方。被强迫一方出于维护自身利益或是维护尊严的需要，拒绝接受对方强加于己方的不合理条件，反抗对方的强迫，这样双方僵持不下，使谈判陷入僵局。

（3）信息沟通的障碍　谈判过程是一个信息沟通的过程，只有双方信息实现正确、全面、顺畅的沟通，才能互相深入了解，才能正确把握和理解对方的利益和条件。但是实际上双方的信息沟通会遇到种种障碍，造成信息沟通受阻或失真，使双方产生对立，从而陷入僵局。

信息沟通障碍指双方在交流信息过程中由于主客观原因所造成的理解障碍。其主要表现为：由于双方文化背景差异所造成的观念障碍、习俗障碍、语言障碍；由于知识结构、教育程度的差异所造成的问题理解差异；由于心理、性格差异所造成的情感障碍；由于表达能力、表达方式的差异所造成的传播障碍等。信息沟通障碍使谈判双方不能准确、真实、全面地进行信息、观念、情感的沟通，甚至会产生误解和对立情绪，使谈判不能顺利进行下去。

（4）谈判者行为的失误　谈判者行为的失误常常会引起对方的不满，使其产生抵触情绪和强烈的对抗，使谈判陷入僵局。例如，个别谈判人员工作作风、礼节礼貌、言谈举止、谈判方法等方面出现严重失误，触犯了对方的尊严或利益，就会产生对立情绪，使谈判很难顺利进行下去，造成很难堪的局面。

（5）偶发因素的干扰　在商务谈判期间有可能出现一些偶然发生的情况。当这些偶发情况涉及谈判某一方的利益得失时，谈判就会因遭到干扰而陷入僵局。例如，在谈判期间，外部环境发生突变，某一谈判方如果按原有条件谈判就会蒙受利益损失，于是他便推翻已做出的让步，从而引起对方的不满，使谈判陷入僵局。由于谈判不可能处于真空地带，谈判者随时都要根据外部环境的变化而调整自己的谈判策略和交易条件，因此，这种僵局的出现也就不可避免了。

五、谈判僵局的破解

1. 回避分歧，转移议题

当双方对某一议题产生严重分歧且都不愿意让步而陷入僵局时，一味地争辩解决不了问题，可以先回避有分歧的议题，换一个新的议题与对方谈判。这样做有两点好处：一是可以争取时间先进行其他问题的谈判，避免长时间的争辩耽误宝贵的时间；二是当其他议题经过谈判达成一致之后，对谈判产生正面影响，再回过头来谈陷入僵局的议题时，气氛会有所好转，思路会变得开阔，问题的解决会比以前容易得多。

2. 尊重客观，关注利益

谈判双方各自坚持己方的立场观点，由于主观认识的差异而使谈判陷入僵局。这时候处于激烈争辩中的谈判者容易脱离客观实际，忽略大家的共同利益是什么。所以，当谈判陷入僵局时，首先要克服主观偏见，从尊重客观的角度看问题，关注企业的整体利益和长远目标，而不要一味追求论辩的胜负。如果是由于某些枝节问题争辩不休而导致僵局，这种争辩是没有多大意义的。即使争辩的是关键性问题，也要客观地评价双方的立场和条件，充分考虑对方的利益要求和实际情况，认真冷静地思索己方如何才能实现比较理想的目标。理智地克服一味希望通过坚守自己的阵地来"赢"得谈判的做法，这样才能静下心来面对客观实际，为实现双方共同利益而设法打破僵局。

3. 多种方案，选择替代

如果双方仅仅采用一种方案进行谈判，当这种方案不能为双方同时接受时，就会形成僵局。实际上谈判中往往存在多种满足双方利益的方案。在谈判准备期间就应该准备多种可供选择的方案。一旦一种方案遇到障碍，就可以提供其他的备用方案供对方选择，使"山重水复疑无路"的局面转变成"柳暗花明又一村"的好形势。谁能够创造性提供可选择的方案，谁就能掌握谈判的主动权。当然这种替代方案应既能维护己方切身利益，又能兼顾对方的需求，才能使对方对替代方案感兴趣，进而从新的方案中寻找共识。

4. 尊重对方，有效退让

当谈判双方各持己见、互不相让而陷入僵局时，谈判人员应该明白，坐到谈判桌上的目的是达成协议，实现双方共同利益，如果促使合作成功所带来的利益要大于固守己方立场导致谈判破裂的收获，那么退让就是聪明有效的做法。

采取有效退让的方法打破僵局基于三点认识。第一，己方用辩证的思考方法，明智地认识到在某些问题上稍做让步，而在其他问题上争取更好的条件；在眼前利益上做一点牺牲，而换取长远利益；在局部利益上稍做让步，而保证整体利益。第二，己方多站在对方的角度看问题，消除偏见和误解，对己方一些要求过高的条件做出一定让步。第三，这种主动退让姿态向对方传递了己方的合作诚意和尊重对方的态度，促使对方在某些条件做出相应的让步。如果对方仍然坚持原有的条件寸步不让，证明对方没有诚意，己方就可以变换新的策略，调整谈判方针。

5. 冷调处理，暂时休会

当谈判出现僵局而一时无法用其他方法打破僵局时，由于双方争执不下，情绪对立，很难冷静下来进行周密的思考，可以采用冷调处理的方法，即暂时休会。

休会以后，双方情绪平稳下来，可以冷静地思考一下双方的矛盾究竟是什么性质，对前一阶段谈判进行总结，考虑一下僵局会给己方带来什么利益损害，环境因素有哪些发展变化，谈判的紧迫性如何等。另外也可以在休会期间向上级领导做汇报，请示一下高层领导对处理僵局的指导意见，对某些让步策略的实施给谈判者授权，以便谈判者采取下一步的行动。

再者，可以在休会期间让双方高层领导进行接触，缓和一下双方僵持对立的关系；或者组织双方谈判人员参观游览，参加宴会、舞会和其他娱乐活动，双方在轻松愉快的气氛中进行无拘无束的交流，进一步交换意见，重新营造友好合作、积极进取的谈判气氛。经过一段时间的休会，当大家再一次坐到谈判桌上的时候，原来僵持对立的问题会比较容易沟通和解决，僵局也就随之被打破了。

6. 以硬碰硬，据理力争

当对方提出不合理条件，制造僵局，给己方施加压力时，特别是在一些原则问题上表现得蛮横无理时，要以坚决的态度据理力争。因为这时如果做出损害原则的退让和妥协，不仅损害己方利益和尊严，而且会助长对方的气焰。所以，己方要明确表示，拒绝接受对方的不合理要求，揭露对方故意制造僵局的不友好行为，使对方收敛起蛮横无理的态度，自动放弃不合理的要求。

使用这种方法时，要体现出己方的自信和尊严，不惧怕任何压力，追求平等合作的原则；同时，要注意表达的技巧性，用棉里藏针、软中有硬的方法回击对方，使其自知没趣，主动退让。

7. 孤注一掷，背水一战

当谈判陷入僵局时，己方认为自己的条件是合理的，无法再做让步，而且又没有其他可以选择的方案，可以采用孤注一掷、背水一战的策略。将己方条件摆在谈判桌上，明确表示自己已无退路，希望对方能做出让步，否则情愿接受谈判破裂的结局。当谈判陷入僵局而又没有其他方法解决的情况下，这往往是最后一个可供选择的策略。

在做出这一选择时，己方必须做好最坏的打算，做好承受谈判破裂的心理准备。因为一旦对方不能接受己方条件，就有可能导致谈判破裂。在己方没有做好充分的准备时，或己方没有多次努力尝试其他方法打破僵局时，不能贸然采用这一方法。

使用该策略的前提条件是己方的要求是合理的，而且也没有退让的余地，因为再退让就会损害己方根本利益。另一前提条件是己方不怕谈判破裂，不会用牺牲企业利益的手段去防止谈判破裂。如果对方珍惜这次谈判和合作机会，在己方做出最后摊牌之后，有可能选择退让，使僵局被打破，达成一致的协议。

拓展训练

　　北欧深海渔产公司的冻鱼产品质量优良，味道有自己的特色，深受各国消费者的喜爱，但从未进入我国市场。深海公司希望能在中国开展冻鱼销售业务并在我国找到合作伙伴。经由我国某市经委介绍，该公司派代表到我国与北方某一罐头制品厂进行冻鱼产品的经销谈判。该罐头制品厂在国内有广泛的销售网络，非常愿意与北欧深海渔产公司合作，因此，在开始阶段，会谈气氛十分融洽，但谈到价格问题时双方出现了较大的分歧。罐头制品厂的谈判代表表示，深海公司所提出的报价过高，按此价格进入我国市场销售，很难为中国消费者接受。深海公司一方则表示，他们的报价已经比他们在国际市场上的报价降低了4%，无法继续降低价格，谈判进入僵局。

　　请分析：这次谈判陷入僵局的原因是什么？针对此原因应如何打破僵局？

任务评价

评价项目	评价要点	权重	自评	师评
报价	1. 掌握报价原则	10分		
	2. 了解讨价的含义	10分		
讨价还价	1. 掌握还价的基本原则	10分		
	2. 掌握还价的基本技巧	10分		
妥协让步	1. 了解妥协的意义	10分		
	2. 掌握妥协的技巧	10分		
谈判僵局	1. 认知谈判僵局的产生原因	10分		
	2. 把握谈判僵局对谈判的影响	10分		
僵局破解	1. 了解僵局破解的意义	10分		
	2. 掌握僵局破解的基本技巧	10分		
总分		100分		

技能目标

——掌握商务谈判成交阶段的心理。

——掌握商务谈判成交阶段的技巧。

知识目标

——了解商务谈判成交阶段的注意事项。

——了解签订商务谈判备忘录及协议的相关内容。

工作任务

速达电子公司的某位客户有个奇怪的习惯，每次业务人员和客户公司代表谈妥所有条件后，客户公司的经理就会出面要求业务人员再给两个点的优惠。速达电子公司应该怎么办？ 直接找客户公司的经理谈判，据理力争，和经理讲明已经让到底线了，把他挡回去？ 谈判时告诉客户公司代表已把经理要的两个点优惠给他了，让他告诉经理没有优惠点了？ 都不是。速达公司业务人员和客户公司代表谈判时，每次留下两个优惠点等待和经理谈。开始时速达电子公司还据理力争，想把对方这一要求挡回去，打交道的次数多了之后，就干脆在谈判的过程中预留两个点，专门等待对方经理来谈，然后再爽快答应，双方皆大欢喜。

从本案例可以看出，面对不同的商务谈判对手，在自己谈判目的达成的情况下，灵活运用对方可以接受的方式方法，能更好地促成谈判成交。

任务分析

在谈判成交阶段，要及时掌握对手的心理，满足其需求，可促成协议达成，增进双方关系，为谈判成功增加筹码。

工作步骤

步骤 1 成交阶段的心理

商务谈判人员在做出成交的决策时，有着不同心理状况和演变过程，对于成交阶段都会产生不同的影响，进而导致不同结果的出现。

步骤 2 成交阶段促成技巧

有经验的谈判者总是善于在关键的、恰当的时刻，抓住对方隐含的签约意向或巧妙地表明自己的签约意向，趁热打铁，促成交易的达成与实现。因此，谈判者应该适时地运用促成成交的技巧，通常促成成交技巧有三种，一是均衡条件下的促成；二是优势条件下的促成；三是劣势条件下的促成。

步骤 3 起草商务谈判备忘录

备忘录是商务谈判工作记录，双方一经签字就代表双方的承诺，谈判就完成了。备忘录最好双方共同起草。

步骤 4 拟订商务谈判协议要求

协议要求：围绕谈判各方组织条款，条理清晰，措辞准确，权利义务条款全面、详细、对等，违约责任具体明确。

步骤 5 签订商务谈判协议

起草无硬性规定，大多数情况下由供货方起草后双方确认。在商务谈判中，涉及国际货物买卖谈判时，书面协议往往采用己方或对方印好的现成格式，加以填写即可。

步骤 6 商务谈判结束

合同签署后要提交有关方面公证后方正式生效。商务谈判人员要利用这段时间进行思考和分析，概括出成功的经验，总结出失误的教训，整理谈判资料，进行履行协议的准备，此次谈判才算真正圆满结束。

 相关链接

为什么能反败为胜

1984 年，天津派代表团前往德国，和印度、伊朗等国商人竞争同一家破产摩托车厂的设备。由于种种因素，在谈判初期我方丧失了机会。但我方谈判专家认为只要没有最后执行，总还有机会，就一直关注着摩托车厂的谈判进程。当得知伊朗商人未能如期付款而合同失效时，我方抓住机会同德国又进行了一场实质性谈判，最终中方以低于伊朗 200 万马克的价格买下了该厂拍卖的设备。

我方能够反败为胜，关键在于：在谈判处于劣势时，要改变劣势，选择谈判与成交的时机很重要，也要积极关注竞争对手的信息；在选择时机时不要轻言放弃、失去耐心、懈怠；时机到了自然可以改变劣势，促成谈判。

知识平台

一、谈判成交的条件

（1）使对方完全了解并信任己方的产品及产品的价值。

（2）使对方信赖己方和己方所在的公司。

（3）对方必须有强烈的成交愿望。

（4）准确把握每一次可能成交的机会。

（5）掌握促进成交的种种因素，如对方拒绝的主导原因是什么。

（6）不要过早放弃促进成交的每一次努力。

（7）为圆满结束谈判进行精心安排，如回顾成果、澄清问题、弥补差异。

二、促进成交的策略

1. 行为策略

可以采取以下的行为，促进成交。

（1）假设谈判已经成功达成一致的协议。例如，如果是卖方，可以询问买方需要把货物送到什么地方，如果是买方，则可以详细记录协议的要点，并向对方咨询开立发票的日期。

（2）适当地向对方展现出"欲结束谈判"的积极态度。

（3）用自己的实际行动表示希望达成一致协议的诚意。

（4）与对方商量协议的具体内容。例如与对方商议协议中拟订的送货方式。

（5）提供一项特别的优惠。

2. 不遗余"力"策略

这个策略包含以下三个方面的含义。

（1）谨慎看待谈判达成的结果　这里要求所达成的协议要严密、明确，不得有任何误差。

（2）争取最后的利益　一般情况下，双方就各项交易条款达成一致意见，准备签订合同时，往往会利用最后的时刻去争取最后一点利益。在成交阶段，争取最后利益的通常做法是：在签订协议或合同之前突然提出一个小小的要求，请对方考虑，再让步一点点。这时候由于谈判已经进展到签约阶段，谈判人员也付出了许多精力和极大代价，通常不愿意为了这一点点小利益而伤了和气，更不愿意谈判重新恢复到商洽阶段，因此，往往会答应要求以达到快速完成签约的目的。

（3）双方分别表示庆贺　例如向对方强调谈判的结果是"我们共同努力的产物"，也可以赞扬对方谈判人员的能力，这样做的目的是使对方心里得到平衡和欣慰，为双方以后的往来打下良好的基础。

拓展训练

江苏仪征化纤工业公司总经理任传俊主持了一次与德国吉玛公司的索赔谈判，对手是理扬·奈德总经理。索赔的原因是引进的圆盘反应器有问题，中方提出的索赔额是1100万马克，而德方只同意赔偿300万马克，二者相去甚远。

这是一场马拉松式的谈判。在久久僵持不下时，任传俊建议休会，并提议第二天陪理扬·奈德到扬州游览。扬州大明寺，花木扶疏，风景宜人。任传俊向德方代表团介绍："这里纪念的是中国唐朝高僧鉴真，他为了信仰，六渡日本，双目失明，终于达到理想境界。直至今天，中日两国人民都没有忘记他。你们不是常常奇怪为什么日本人对华投资比较容易吗？这其中很重要的原因就是日本人了解中国人的心理，知道中国人重感情、重友谊。"接着，他对理扬·奈德笑道："你我是多年打交道的朋友了，彼此除了经济上的利益外，就没有一点个人之间的感情吗？"理扬·奈德大为感动。

旅行车从扬州开到仪征公司，谈判继续进行。任传俊开门见山地说："问题既然出在贵公司身上，为索赔问题花费太多时间是不必要的，反正要赔偿。"理扬·奈德耸耸肩膀："我公司在贵国中标，总价值才1亿多美元，我无法赔偿过多，总不能赔本吧？"任传俊抓住了一个事实，江苏仪征化纤工程是当时全世界最大的化纤工程，他当仁不让地说："据我得到的信息，正是因为贵公司在世界上最大的化纤基地中标，才得以连续在全世界15次中标。这笔账又该怎么算呢？"这个反问很有技巧，理扬·奈德一时语塞。任传俊诚恳地说："我们是老朋友了，打开天窗说亮话，你究竟能赔多少？我们是重友谊的，总不能让你被董事长炒鱿鱼；但你也要为我想想，我总得对这里1万多名建设者有个交代！"

谈判结束，德方同意赔偿 800 万马克。事后，理扬·奈德说："我付了钱，可我心里痛快！"

请同学们总结一下，任传俊在这次谈判中，都使用了哪些方法？

任务评价

评价项目	评价要点	权重	自评	师评
成交阶段心理运用	1. 了解成交阶段心理状态对谈判的作用	10 分		
	2. 能准确判断对方心理状态	20 分		
	3. 能及时把握和利用对方心理	10 分		
掌握成交阶段促成技巧	1. 了解均衡条件下的成交促成	10 分		
	2. 了解优势条件下的成交促成	10 分		
	3. 了解劣势条件下的成交促成	10 分		
成交阶段技巧运用	1. 了解谈判成交的条件	10 分		
	2. 掌握谈判成交的主要技巧	20 分		
总分		100 分		

项目四
商务谈判观察技巧

项目描述

　　商务谈判是借助谈判各方的信息交流来进行的，而谈判中信息的传递与接收是通过谈判人员之间的叙述、提问、回答、拒绝、辩论、说服、倾听和观察等来完成的。在谈判桌上，谈判人员必须随时注意这些信息沟通技巧的运用，方能顺利地实现谈判目标。

项目情境

奥康与 GEOX 公司的成功合作

　　浙江奥康集团是国内知名鞋业生产企业，GEOX 公司是世界鞋业巨头之一。2003 年 2 月 14 日，两家企业达成协议：奥康负责 GEOX 在中国的品牌推广、网络建设和产品销售，GEOX 借奥康之力布网中国，而奥康也借 GEOX 的全球网络走向世界。

　　GEOX 曾用两年时间对中国市场进行调研，先后考察了 8 家中国著名的鞋业公司，为最终坐到谈判桌前进行了周密的准备。在与各家谈判中，总裁波莱加托能把几十页的谈判框架、协议条款熟练背出，令人吃惊。同时，波莱加托的中国行程排得满满的，去奥康考察只有 20% 的可能，谈判成功预期很低，合作机会也很小。尽管奥康对与 GEOX 合作成功的心理预期也是极其低的，但他们的宗旨是：即便是只有 0.1% 的成功机会也绝不放过。奥康为迎接波莱加托一行进行了周密的准备和策划。首先，在全面了解对手公司、甚至谈判对手个人情况的基础上，为了使谈判对手有宾至如归的感觉，奥康公司专门成立了以总裁为首的接待班子，派出专门人员观察了解波莱加托一行人对吃、住、行安排的喜好等特点，以此拟订了周密的接待方案。从礼仪小姐献花，到谈判地点的选择、谈判时间的安排、客人入住的酒店预订，都做了精心策划和周密安排。结果使得谈判对手"一直很满意"，为谈判最终获得成功奠定了基础。其次，王振滔（奥康集团总裁）努力寻找奥康与 GEOX 公司的共同点，他敏锐地观察到两家公司的共性，即低起点、高增长、快发展，加上年轻、富有远见和同样的跳跃性增长轨迹，引起了两位总裁惺惺相惜之情。再次，为了营造氛围，消除利益对抗，奥康在上海黄浦江包下豪华邮轮宴请谈判对手，借游船赏月品茗的美好氛围消除利益冲突引发的对抗，平衡谈判双方实力。最后，王振滔观察到了波莱加托先生对中国传统文化的浓厚兴趣，选择寓含奥康和 GEOX 合作完美无缺之意的"花好月圆"青田玉雕，送给波莱加托先生，与之建立起真诚的友谊，对日后的履约和合作具有重要的意义。

从奥康与 GEOX 成功合作的谈判中，我们可以看出许多沟通策略的成功运用，突出表现在以下两点：认真观察和情感投入。其中，认真观察是情感投入的前提和基础，奥康在谈判之前的情感注入和双方和谐氛围的营造对于谈判中障碍的回避是非常有效的，提前的情感注入对于障碍回避的效果要远远优于在谈判双方出现谈判障碍后再采用情感注入的方式。但情感的投入若没有认真观察的支持，发生投入不足或过度，甚至出现方向性偏差，引起沟通对象的不满或警惕，失败在所难免。一个好的谈判者，应该善于观察并了解对手的需要、希望，努力寻找与之建立和维持长久友谊的契合点，为谈判障碍的回避并使整个谈判向成功方向发展奠定心理基础。奥康集团的成功很值得其他国内企业集团和销售人员借鉴。

 项目分解

任务 27　商务谈判观察技巧

任务27 商务谈判观察技巧

学习目标

技能目标

——掌握谈判观察技巧的作用。

——能正确运用谈判观察技巧。

知识目标

——理解谈判观察技巧的内容。

——理解谈判观察技巧的含义。

 工作任务

一个人走进饭店点了酒菜，吃罢摸摸口袋发现忘了带钱，便对店老板说："店家，今日忘了带钱，改日送来。"店老板连声："不碍事，不碍事。"并恭敬地把他送出了门。

这个过程被一个无赖给看到了，他也进饭店点了酒菜，吃完后摸了一下口袋，对店老板说："店家，今日忘了带钱，改日送来。"

谁知店老板脸色一变，揪住他，非剥他衣服不可。

无赖不服，说："为什么刚才那人可以赊账，我就不行？"

店家说："人家吃菜，筷子在桌子上找齐，喝酒一盅盅地筛，斯斯文文，吃罢掏出手绢揩嘴，是个有德行的人，岂能赖我几个钱？你呢？筷子往胸前找齐，狼吞虎咽，吃上瘾来，脚踏上条凳，端起酒壶直往嘴里灌，吃罢用袖子揩嘴，分明是个居无定室、食无定餐的无赖之徒，我岂能饶你！"

一席话说得无赖哑口无言，只得留下外衣，狼狈而去。

试想：如果没有善于观察的能力，做出恰当的判断，店家岂能赢得回头客？又怎能避免无谓的损失？

 任务分析

在谈判的时候，有声语言并不一定是说话者的真实想法，但是身体语言却不会骗人，它能反映出说话者内心的真实想法。因此，谈判人员要善于观察对方的行为举止，领会其传达的心理状态，从而掌握对方的真实信息或意图，为谈判目标的达成打下良好基础。

步骤 1　目光表情的观察

常言道："眼睛是心灵的窗户"，说明眼睛具有反映一个人内心世界的功能。通过眼视的方向、方位不同，产生不同的眼神，传达出不同的信息。在谈判过程中，不仅谈判成员个人眼神时刻发生变化，而且谈判组员之间也会相互传递不同的眼色。这样，谈判者就必须注意观察对方眼睛传递的对信息的反应。

步骤 2　微笑表情的观察

不管面部表情如何复杂微妙，在商务谈判和交往活动中最常用、也是最有用的面部表情之一就是笑容。愿不愿、会不会恰到好处地微笑，能反映出你适应社会、进行社交和成功谈判的能力如何。

步骤 3　点头动作的观察

由于肢体语言是人们的内在情感在无意识的情况下做出的外在反应，所以，如果对方怀有积极或者肯定的态度，那么他在说话时就会频频点头。反过来说，假如说话时刻意做出点头的动作，那么内心同样会体验到积极的情绪。因此，我们可以通过观察对方的点头动作来判断对方的反应，而恰当的点头动作对建立友善关系、赢得肯定意见和协作态度方面也有积极意义。当谈判对方对谈话内容持中立态度时，往往会做出抬头的动作，随着谈话的继续，抬头的姿势会一直保持，只是偶尔轻轻点头；如果对方把头部高高昂起，同时下巴向外突出，那就显示出强势、无畏或者傲慢的态度；压低下巴的动作意味着否定、审慎或者具有攻击性的态度；在低着头的时候往往会形成批判性的意见。

步骤 4　手势动作的观察

手势是人们在交谈中运用较多的一种肢体语言，主要通过手部动作来表达特定含义。在商务谈判中，手势的合理运用有助于表现自己的情绪，更好地说明问题，增加言语的说服力和感染力。手势的运用要自然大方，与谈话的内容、语速、音调、音量及要表达的情绪密切配合，不能出现脱节的滑稽情况。

步骤 5　腿部动作的观察

腿部动作容易让人忽视，其实腿部是人最先表露意识的部位，也正因为如此，人们在谈判时常常用桌子来遮掩腿部位置。例如，对方与你初次打交道时架腿并仰靠在沙发靠背上，通常是带有倨傲、戒备、怀疑、不愿合作等意思；而上身前倾同时又滔滔不绝地说话，则意味着对方是个热情但文化素质较低的人，对谈判内容感兴趣。在不同的文化背景下，相同的姿势具有不同的含义，引起不同的反应，这需要分析。事实上，有的姿态只是一种习惯性的反应，并没有特别的含意，有的令人难以接受的姿势则可能是由个人的特殊身份造成的，为此，需要经过长期的分析和验证才能辨别。

学会观察是运用肢体语言的前提，只有留心观察才能学会运用。通过摄像机提供具体生动的素材，并在专业人员或有丰富谈判经验人员的帮助或提示下进行分析，或在自然条件下直接观察他人运用的各种行为语言，分析肢体语言的意思，都是比较好的学习观察方法。

知识平台

一、头部语言的观察技巧

头部语言主要通过头部的活动来表现。头部的活动主要有点头和摇头两种，两者传达的信息是有差别的。

1. 点头

在大部分的文化中，点头动作都用来表示肯定和赞成的态度。点头的动作，具有两个重要作用：一是因为身体语言是人的内心情感和情绪在无意识的情况下做出的一种外在反应，因此，如果你内心坚持肯定和积极的态度，你就会无意识地频繁地点头；二是，有时候你刻意做出点头的动作，那么你内心也能被一种积极的情绪所感染。也就是说，积极肯定的情绪能够引发人做出点头的动作，而点头的动作也能够激起人产生积极、肯定、合作的情绪和态度。在商务谈判中，如果想要与谈判对方建立友善的合作关系，进而赢得对方的肯定意见和协作态度，点头无疑是最有力、最具魅力的一种手段。在阐述己方的观点后可以在最后加上一句反问的话，再次确认对方的态度，同时也可以达到引发对方做出点头动作的目的。

在这里，应该注意以下两点。第一，在不同的国家，表达肯定、同意的态度，并不一定是使用点头的动作。例如在印度和保加利亚的某些地方，人们用头部左右摇摆，也就是摇头的动作来表示肯定和赞成；而在日本，点头的动作也未必表示"我同意你的观点"。第二，因为环境和文化上所存在的差异，点头的动作在不同的国家有着不同的意义。因此，在国际商务谈判中，谈判人员在判断点头动作所传达的信息时，要根据对方国家的风俗习惯进行判断。

2. 摇头

通常情况下，摇头的动作传达的信息是"不"，反映出消极、否定、对抗的态度。在商务谈判中，如果谈判对手在与你的交谈中不时的无意识地做出这种动作，你就要注意了，那表示对方对你方的观点不置可否，因此，你如果滔滔不绝地继续刚才的话题，就可能会引起对方的反感，甚至可能导致谈判陷入僵局。因此，谈判人员应该在与对方交流的同时，细心观察对方的头部活动所传达的内心真实想法，及时地对谈判策略做出调整。应该注意的是，在土耳其等国家，表示否定、消极时所使用的头部动作不是左右摇摆，而是把头抬起来显示出一种强势、无所畏惧或者傲慢的态度。

除点头和摇头两种活动外，头部的基本姿势还可以分为抬头、头部倾斜和低头三种。其中抬头表示对谈话内容保持中立的态度。在商务谈判中，如果谈判对方在谈判开局一直保持这种姿势，但是随着谈判的继续开始伴有手触摸脸颊的姿势，就表示对方会认真思考你提出的观点，这时候明智的谈判人员就会趁热打铁进一步说服对方。头部倾斜所传达的是"顺从和毫无威胁"。低头的动作意味着"否定、审慎和具有攻击性"。在谈判过程中，如果你发现对方不愿意把头抬起来，或者把头歪向一侧，那么应该设法把对方吸引到交谈中来。

二、眼睛语言的观察技巧

在谈判过程中，眼睛是精神交流的重要工具。眼睛传达的一些信息往往是无意识的、无法掩饰的，比语言更加真实地反映着讲话者的情绪、情感和态度的变化，而且眼睛能表达最细微、最精妙的差异。研究发现，眼睛的动作及其所表达的信息主要体现在以下五个方面。

1. 眼睛注视时间传达的信息

人与人交流时，说话者可以通过注视听话者的时间长短来判断对方对于自己所谈论的内容的心理感受，时间太长了会让对方感觉不自在，时间短了又达不到理想的效果，那么眼神交流的时间长短如何控制才算合适呢？在正常情况下，眼睛注视对方的时间应占全部谈判时间的30%~60%。如果超过这一平均值，可以判定对方对谈话者本人比对谈话内容更感兴趣；低于这个平均值，则表示对方对谈话者和谈话内容都不怎么感兴趣。因此，在商务谈判过程中，谈判人员要仔细留意对方的眼神，如果对方经常注视着你，和睁大眼睛看着你，这证明对方对你所阐述的内容很感兴趣，而且迫切地想进一步了解你的态度，那么谈判成交的可能性就比较大。

2. 眼睛注视范围传达的信息

目光对目光的交流一般会让人感到不舒服，那眼睛注视点应该在什么地方呢？一般以

"谈判注视区"为宜，即以人的两眼连线为下底边，额头为上顶点形成的三角形。在谈判过程中，当一方以有利的目光注视对方的这块区域时，传达的是强硬、自信的信号。当与谈判对手进行最关键的价格谈判时，为了表示己方坚决不让步，就可以利用眼神注视对方的"谈判注视区"。注视以眼睛为一条线下巴为顶点形成的三角区域是向对方表示友好的态度，这样做可以让对方感觉很舒服自然。

3. 眨眼频率和眨眼时间传达的信息

在商务谈判中，如果谈判人员每分钟眨眼超过 5~8 次，每次眨眼不超过 1 秒钟，通常表示神情活跃，对所谈判的内容更感兴趣；如果超过 1 秒，一方面表示厌烦、不感兴趣，另一方面也表示自己比对方优越，对对方不屑一顾。此外，倾听对方说话时几乎不看对方，是企图掩饰一些不实的行为。

4. 眼神闪烁不定所传达的信息

眼神闪烁通常被认为是掩饰的一种手段或是人格上不诚实的表现，说明对方对你所谈论的内容不感兴趣，但又碍于礼节不好意思打断你而产生烦躁的情绪，这时你就要适可而止，转换一下谈判的议题了。

5. 眼睛瞳孔所传达的信息

眼睛瞳孔放大、炯炯有神表示处于欢喜与兴奋的状态，瞳孔缩小、神情呆滞、目光无神则表示处于消极戒备和愤怒的状态。实验证明，瞳孔所传达的信息是人的意识无法控制的。在谈判桌上，如果谈判人员想掩饰自己瞳孔的变化，可以选择佩戴有色眼镜。此外，如果在说话时，对方的视线一直环顾、偶尔撇一下你的脸便迅速离开，需要警惕，这表示对方合作的诚意不足，或者只想占大便宜。对方视线往上注视你，表示对方可能有求于你，希望成交的程度比较强，让步幅度也比较大，反之，则成交的欲望不强。

眼睛所传达的信息远不止这些，有些只能意会不能言传，这就需要谈判人员在实践中用心观察和思考，不断积累经验。

三、眉毛语言的观察技巧

眉毛和眼睛的动作密不可分，经常配合使用，仅就眉毛的动作而言，也能反映出许多情绪变化。眉毛所传达的信息体现在以下五个方面。

（1）眉毛上耸表示对方对谈判内容感到惊喜和极度惊讶，此时达成一致意见的可能性会增加。

（2）眉宇舒展表示对方心情很好，谈判气氛愉快、友好，与之继续谈判往往能收到很好的效果。

（3）眉毛向上高挑表示对方对你所谈论的内容有所疑惑，需要获得一些提示和答案。谈判人员如能及时地传递出对方所需要的信息，往往会使谈判成功。

（4）眉头紧锁表示对方处于不赞同、不愉快的状态，此时谈判人员应该适时选择其他话题，或采取休会的策略，以免出现争执不休的状况。

（5）眉毛下拉，或者倒竖表示对方现在极其愤怒、异常气愤，这时候有经验的谈判人员就会适可而止，以免谈判破裂。

四、嘴巴语言的观察技巧

嘴巴可以有许多动作，反映出人的心理状态。例如，紧紧地抿着嘴是意志坚决的表现，给人感觉很难动摇他的想法，但是从另一角度来讲，这样的人比较可靠，一旦做出承诺，他将会是一个践行诺言的合作伙伴；噘起嘴则表现出不满意和准备攻击对方；咬嘴唇则是人在遭受失败时，自我惩罚的一种动作；嘴稍稍张开，嘴角往两边拉开，这是一种友好亲切的表现，是脸部肌肉放松的微笑，传递出高兴、欣喜、赞许、尊敬的信息；嘴角向后微拉和向上翘起，表示对方正在认真思考你所讲的话；嘴角向下拉，则表示不满和固执，此时谈判人员要注意自己的言谈举止，因为对方可能正在盘算着如何反驳你。

五、手势语言的观察技巧

手势语言是上肢动作语言的一种，也是谈判中使用较多的一个部位。手势语言不仅可以帮助我们判断对方的心理活动，而且也可以帮助我们传达某种信息。手势语言可以表达友好、欢迎、祝贺等多种含义，在运用时要大方自然，与语速、音调及谈话内容保持协调。常见的手势语言及其传达的信息如下。

1. 握手

普通意义上的握手不仅表示问候，也是表示依赖和保证的一种方式。标准的握手姿势应该是用手指稍稍用力握住对方的手掌，时间在 1~3 秒。握手时，还要注意身体其他部位姿势的协调性，如挺身站立，身体可微微前倾，注视对方，面带笑容，以表示热情。握手时，对方的回应有所不同，传达的信息也会存在一定的差异。

（1）如果握手时，感觉对方力度很小，一方面可能是此人缺乏魄力、个性懦弱，另一方面也可能是对方傲慢无礼、爱摆架子。如果握手时，感觉对方力度很大，则表明此人好动热情，这类性格的人，做事往往喜欢主动。比如性格豪爽的人大多喜欢采用这种握手方式。

（2）如果在握手时感觉到对方手掌出汗，表示对方处于兴奋紧张和情绪不稳定的心理状态，此时有经验的谈判人员会用一些幽默诙谐的语言来缓解对方的这种紧张情绪。

（3）掌心向上伸出与对方握手，往往表明此人性格软弱，处于被动、劣势和受人支配的状态，暗含一种向对方投靠的意思，所以在说服这类人接受己方的观点时，会相对容易一些，但也要注意说话方式，避免伤及对方的自尊心。如果是掌心向下伸出与对方握手，则表示想取得主动优势和支配地位，也有一种居高临下、傲视一切的意思，面对这类人，谈判人员要表现得自信、有气势，谈判思路不要被对方的气势所影响。

（4）握手前先凝视对方片刻，再伸手相握，在某种程度上表明此人想在心理上将对方置于劣势地位，先在心理上赢得先机并战胜对方；同时，这种行为又意味着对对方的审视，观察对方是否值得自己与其握手。

（5）用双手紧握对方的一只手，并上下摆动，往往表示热烈欢迎对方，也可以表示真诚感谢。

2. 招手

由于各国文化背景存在差异，招手所包含的意思也有所不同，如果混淆就可能造成不可挽回的错误，例如，在我国，手心向下伸出向人招手的意思是请人过来，它是一种指示手势，而一位英国人见到这种手势就会转身就走，因为按照英国人的习惯，这种手势表示"再见"；如果要招呼英国人过来应该手心朝上招手，而这个动作在日本会遭人白眼，因为对于日本人来说，这种手势是用来召唤狗的。

六、手指动作的观察技巧

（1）手指动作也是被人们广泛使用的手势语之一。例如人们常用食指和中指做出"V"字形（掌心向外），以表示对胜利的祝贺和预祝胜利的期盼，在欧洲的某些地区掌心向内的"V"字手势也可以表示"胜利"，但美国人会把它理解为2，英国人会理解为"去你的"。

（2）用拇指和食指合成一个圆圈，在美国表示"OK"，属于形象手势，是赞扬和允许之意，但是在法国一些地方属于象征手势，可以理解为"毫无价值"，在日本则代表金钱。

（3）双手摆成尖塔形并置于胸部的前上方，一方面表示此人信心十足、胸有成竹，另一方面也给人一种自鸣得意、狂妄自大的感觉，在谈判中，要谨慎地选择此手势的使用时机和次数。

（4）如果某人在谈判中做出双拳紧握的动作，传达的信息是向对方挑战和紧张。

（5）如果对方身体前倾，手托腮部，双眼注视着你的脸，表示对你的谈话内容很感兴趣，反之若身体后仰托腮，则表示对你的谈话内容有疑虑、不以为然，甚至厌烦。

七、手臂和腿部语言的观察技巧

胳膊和腿部动作及所传达的信息体现在以下四个方面。

（1）双臂交叉于胸前，表示保守和防卫，而双臂交叉于胸前并握紧拳头，则表示怀有敌意。

（2）耸肩表示此人内心不安、恐惧，如果在耸肩的同时再加上摇头，则反映了此人不理解和无可奈何。

（3）在谈判过程中，如果与对方并排而坐时，发现对方跷起二郎腿，并且保持上身向你倾斜，表示对方此刻合作态度良好。如果与对方相对而坐，发现对方虽然跷起二郎腿，但是上半身却正襟危坐，则说明他的性格比较拘谨，缺乏灵活性，而且自我感觉处于较低的交易地位，所以对谈判成效期望很大。此外，如果对方经常保持并腿的姿势，同时上身直立或前倾，也表示对方有求于你，比较谦恭、尊敬，对谈判成交的期望值很高。

（4）双膝分开上身后仰的动作表明对方是一个自信的人，自我感觉交易地位优越，愿意与你展开合作，但是要指望对方做出较大的让步比较困难。

 相关链接

常见的身体语言与其所传达的信息

（1）直接目光接触——友善、真诚、自信。

（2）目光闪烁回避——紧张、害怕、逃避、无关紧要、被动。

（3）摇头——不同意、不相信。

（4）拍肩/背——鼓励、祝贺、安慰。

（5）挠/抓头——迷惑、不相信。

（6）微笑——满意、明白、理解、鼓励。

（7）落座后不断更换、交叠双腿——厌烦、焦虑、烦躁、担心。

（8）身体前后摆动——紧张、有疑问。

（9）双手相绞——紧张、害怕、担忧。

拓展训练

学生分成两组，分别扮演谈判的双方，其中一方在谈判中做出一些动作，另一方则分析这些身体语言所传达的信息，并做出反应，然后交换谈判的双方，重复上述练习。

任务评价

评价项目	评价要点	权重	自评	师评
观察的内容	1. 会观察目光表情	10分		
	2. 会观察微笑表情	10分		
	3. 会观察点头动作	10分		
	4. 会观察手势动作	10分		
	5. 会观察腿部动作	10分		
身体语言的运用	1. 能准确运用头部语言传达信息	10分		
	2. 能准确运用脸部表情语言传达信息	10分		
	3. 能准确运用目光语言传达信息	10分		
	4. 能准确运用手势语言传达信息	10分		
	5. 能准确运用四肢语言传达信息	10分		
总分		100分		

参考文献

［1］魏江，严进. 管理沟通［M］. 4 版. 北京：机械工业出版社，2019.

［2］程艳霞. 管理沟通［M］. 2 版. 武汉：武汉理工大学出版社，2018.

［3］王磊. 管理沟通［M］. 北京：石油工业出版社，2002.

［4］苏勇，罗殿军. 管理沟通［M］. 2 版. 上海：复旦大学出版社，2021.

［5］斯各特·奥伯. 当代商务沟通［M］. 北京：中国市场出版社，2009.

郑重声明

读者意见反馈

为收集对教材的意见建议，进一步完善教材编写并做好服务工作，读者可将对本教材的意见建议通过如下渠道反馈至我社。

咨询电话　400-810-0598
反馈邮箱　zz_dzyj@pub.hep.cn
通信地址　北京市朝阳区惠新东街4号富盛大厦1座
　　　　　高等教育出版社总编辑办公室
邮政编码　100029

防伪查询说明

用户购书后刮开封底防伪涂层，使用手机微信等软件扫描二维码，会跳转至防伪查询网页，获得所购图书详细信息。

防伪客服电话
（010）58582300

学习卡账号使用说明

一、注册/登录

访问http://abook.hep.com.cn/sve，点击"注册"，在注册页面输入用户名、密码及常用的邮箱进行注册。已注册的用户直接输入用户名和密码登录即可进入"我的课程"页面。

二、课程绑定

点击"我的课程"页面右上方"绑定课程"，在"明码"框中正确输入教材封底防伪标签上的20位数字，点击"确定"完成课程绑定。

三、访问课程

在"正在学习"列表中选择已绑定的课程，点击"进入课程"即可浏览或下载与本书配套的课程资源。刚绑定的课程请在"申请学习"列表中选择相应课程并点击"进入课程"。

如有账号问题，请发邮件至：4a_admin_zz@pub.hep.cn。